少年读全景中华上下五千年

④ 隋唐气象

廖志军◎编著

四川教育出版社

·成都·

图书在版编目（CIP）数据

少年读全景中华上下五千年. 4，隋唐气象 / 廖志军
编著 . — 成都：四川教育出版社，2021.10
ISBN 978-7-5408-7787-3

I. ①少… II. ①廖… III. ①中国历史—隋唐时代—
少年读物 IV. ① K209

中国版本图书馆 CIP 数据核字（2021）第 181876 号

SHAONIAN DU QUANJING ZHONGHUA SHANGXIA WUQIAN NIAN 4 SUITANG QIXIANG

少年读全景中华上下五千年 4 隋唐气象

廖志军　编著

出 品 人　雷　华
责任编辑　任　舸
责任校对　周代林
封面设计　路炳男
版式设计　闫晓玉
责任印制　田东洋
出版发行　四川教育出版社
　　　　地　　址　成都市黄荆路 13 号
　　　　邮政编码　610225
　　　　网　　址　www.chuanjiaoshe.com
印　　刷　德富泰（唐山）印务有限公司
制　　作　闫晓玉
版　　次　2021 年 12 月第 1 版
印　　次　2021 年 12 月第 1 次印刷
成品规格　188mm×245mm
印　　张　9
书　　号　ISBN 978-7-5408-7787-3
定　　价　168.00 元（全 6 册）

如发现印装质量问题，影响阅读，请与本社联系。总编室电话：（028）86365120
编辑部电话：（028）86365129

大隋王朝
重回大一统的时代

运筹帷幄，所向披靡
争名表功，失言殒命

大唐盛世
中国古代最强盛的时代

少年读全景中华上下五千年 4

隋唐气象

大隋王朝///重回大一统的时代

公元 5 8 1 年 ～ 公元 6 1 8 年

〉〉〉杨坚灭北周，登基称帝，定国号为"隋"，建都长安，史称隋文帝。

581年

北周后期，国内战争不断，百姓生活困苦不堪。贵族出身的杨坚逐渐把持朝政。到了581年，他在消灭皇族势力以后，便废掉旧帝自立为帝，改国号为隋。他即位以后，隋朝国力迅速增强，一举平定南陈，使数百年来一直处于分裂状态的中国得以统一。此后，国内政治稳定，百姓生活富庶，历史上称之为"开皇之治"。

公元581年~公元618年
//////////大隋王朝//////////
隋文帝与开皇之治

出身贵族，代周建隋

杨坚是弘农华阴（今陕西华阴）人。他出身显贵，祖上是东汉时期著名的清官杨震，杨家从

那时开始直到南北朝时期一直是名门望族。杨坚的父亲杨忠于537年投拜西魏权臣宇文泰，后在宇文家族夺权建立北周的过程中立下了汗马功劳，曾官至柱国、大司空，并被封为"随国公"。

杨坚出生在这样一个显贵的家族里，十四岁便已得到了官位，不满二十岁就被封为随州刺史。后来，北周权臣独孤信看到杨坚的潜在实力，便把女儿嫁给了他，她就是后来鼎鼎大名的独孤皇后。与独孤氏联姻后的杨坚如虎添翼，势力更加强大。

当时，周武帝宇文邕为了稳固政权，极力笼络杨坚，命太子宇文赟迎娶杨坚的长女，使得杨家的地位更加显赫。宇文赟即后来的周宣帝。他即位后，身为国丈的杨坚遂被晋封为上柱国和大司马。周宣帝是个名副其实的昏君，性情暴躁，终日沉湎于酒色。由于纵欲过度，他的健康状况急剧恶化。公元580年，周宣帝一命呜呼，时年二十二岁。

周宣帝死后，年仅八岁的宇文阐称帝，是为周静帝。杨坚自封为大丞相，总理全国军政要事，从此开始积极为夺取皇位做准备。很快，他就铲除了皇族的势力，平定了各地叛乱，完全掌控了北周。

581年，杨坚见时机成熟，便废掉周静帝，正式称帝，改国号为"隋"，定都长安，年号"开皇"，史称隋文帝。

◀隋文帝像

隋文帝杨坚（541~604），隋朝开国皇帝，谥号文帝，庙号高祖。他成功地统一了已经处于分裂状态几百年的中国。

582年

◎看世界／波斯王回国复位　　◎时间／591年　　◎关键词／科斯洛埃斯二世

▶隋文帝灭陈朝
隋文帝统一北方之后，又定下"瞒天过海"之计，隋军一举杀过长江，灭掉陈朝，生擒陈后主，结束了长期以来南北割据的局面。

一统天下，开创盛世

登上了梦寐以求的帝位之后，杨坚并不满足，他开始着手规划统一大业，首先就是对付北面的突厥。突厥本是活动于中亚地区的游牧民族，后东迁至蒙古草原一带，在隋建立以前就经常骚扰内地，杨坚登基后，视其为心腹大患。就在他即位当年，突厥可汗沙钵略乘隋朝新立，率领大军大肆攻掠隋北方要地。隋用分化突厥、削弱和孤立沙钵略的策略，终于遏制了突厥的大规模攻势。随后，杨坚三次下令修长城，巩固北方的防御线，有效地抵御了突厥的入侵。

北方安定之后，杨坚便能够安心地平定南方了。当时陈朝占据江南。隋文帝先消灭了江陵的后梁政权，因为江陵地处攻陈前线，又是军事要地，攻下它是灭陈的首要条件。接着，隋文帝广泛征求灭陈的策略，最终制订了从长江上游和中下游夹击陈的作战方针。他派遣文武兼备的韩擒虎、贺若弼、杨素等人赴前线，又听取了丞相高颎的意见，干扰陈的农业生产，麻痹陈的将士，最终取得了灭陈之战的胜利，成功统一了全国。

隋文帝统一全国影响深远，它结束了中国自西晋末年以来近三百年的分裂割据局面，为发展经济、保持社会稳定、促进文化交流创造了良好

的条件。更重要的是，自此以后统一的观念更加深入人心，极大地增强了中华民族的凝聚力。隋文帝杨坚也因此功绩受到了后人的高度赞扬。

统一全国之后，杨坚便开始了一系列的改革。

首先，确立三省六部制。中央设尚书、门下、内史三省，分别以尚书令、纳言、内史令为长官，行使宰相权力，辅佐皇帝处理政务。这样不仅加强了中央集权，而且开创了中国封建社会政治体制发展的新阶段。其次，简化地方建制。南北朝以来，郡县设置过多。为了改变"民少官多，十羊九牧"的局面，隋文帝废郡，改为州、县二级制，后又将"州"改为"郡"，实行郡领县制，精简了机构，为国家节省了大量开支。再次，修订《开皇律》。北周法律严苛，文帝改革律法，减轻了法律的残酷性和野蛮性，对后世影响深远，在中国法制史上具有划时代的意义。最后，颁布均田令。隋初继续实行均田制，对一般农民采取轻徭薄赋的政策，对于豪强地主兼并土地的行为则给予严厉打击，如此一来就提高了农民生产的积极性。据说隋朝灭亡二十年后，官仓的粮食还没有吃完。

隋文帝还有一个特殊的贡献，就是变革人才选拔制度。在隋以前，朝廷选拔官员的标准大多是根据个人的家庭背景，很多才华横溢的有学之士仅因出身低贱就被排挤在官场之外。隋文帝认识到这种选拔方式的弊端，遂废除这样的选官制度，主张选拔政府官员应"重才智而轻门第"，初步建立起通过考试选拔人才的制度。

隋文帝还是一个厉行节俭的皇帝。他曾教训太子杨勇："自古以来没听说有奢侈腐化而能长治久安的国家。你身为太子，更应注意节俭。"他的车马用具坏了，从来都是派人去修，不许做新的。有一年，关中闹饥荒，他得知百姓吃糠拌豆粉，就自责没有治理好国家，命令大臣们饥荒期间不准喝酒吃肉。文帝躬身践行，不仅减轻了百姓的负担，也为天下人树立了良好的榜样。

在隋文帝的精心治理下，开皇年间，政治清明，府库充实，垦田速增，文化发展，甲兵强锐，隋朝呈现出一派欣欣向荣的盛世局面，史称"开皇之治"。杨坚不仅完成了统一大业，还使隋朝在短时间内迅速繁荣强大起来，成为当时世界上最强大的国家，其功德可谓照耀古今。

▼（隋）张盛墓伎乐人俑（其一）

这是张盛墓中的一个伎乐人形象，为当时乐队中的坐部伎。这组伎乐俑头梳平髻，脑后插梳，黑发朱唇。长裙系于胸前，双带下垂，踞坐，所持乐器有竖箜篌、琵琶、钹、笛、觱篥、排箫等。原人物衣裙上施彩，现大都已脱落。

583年

〉〉〉隋朝八路大军北伐突厥汗国，在白道川击败了突厥沙钵略可汗。

隋文帝杨坚的皇后独孤氏名独孤伽罗，是后周大司马独孤信的第七女。独孤家素为关陇地区的豪门，"当时荣盛，莫与为比"。后来，独孤伽罗的大姐做了北周明帝的皇后。在那个极重门第的时代，这更是非常荣耀的事。由于家庭原因，独孤伽罗自幼就谙悉上层社会的各种生活礼仪和规范，这对她的一生有很深的影响。

公元581年～公元618年
//////////大隋王朝//////////
独孤皇后妒贤并称

严治后宫，管束皇子

独孤伽罗十四岁时，由父亲做主嫁给了杨坚，两人非常恩爱，还有了"此生永矢相爱，海枯石烂，贞情不移，誓不愿有异生之子"的约定。

隋文帝登基后，主动吸取前朝教训，开始大刀阔斧地进行体制改革和朝纲整顿，力求建立一个开明的朝代。而独孤皇后也是一名颇有远见卓识的聪慧女子，她并没有因为一朝封后而得意忘形、胡作非为。早在杨坚计划夺取皇位的过程中，她就曾为其献计献策，四处奔走；被封后以来，她更是积极整顿后宫，努力为皇帝营造一个良好的后宫环境。前朝美人亡国的例子不胜枚举。独孤皇后深知"自古红颜多祸国"的道理，决心杜绝后宫纷争，让皇帝全心治国。

独孤皇后禀告文帝以后，便开始了对宫内体制的改革。她废除三宫六院的惯例，倡导节俭，禁止宫内女子浓妆艳抹、锦衣华服，禁止

她们随意亲近皇帝，并严格规范她们的言行举止。整个后宫在独孤皇后的管控下，显得静谧而肃穆，虽然后宫之人心中多有不满，但因惧怕独孤皇后的身份和权势而不得不屈从。

除了大力整饬后宫，独孤皇后甚至还为了隋朝的未来而强行干涉太子杨勇的私人感情生活。独孤皇后认为元氏的女儿性格温婉贤惠，仪态端庄大方，是将来母仪天下的最佳人选，因而做主将其选定为太子妃。但是按照惯例，独孤皇后又不得不另立云氏的女儿为昭训（太子妾的封号）。云昭训活泼开朗，聪颖伶俐，但独孤皇后认为她与元妃相比不够稳重，过于轻佻，所以要求太子与云昭训保持距离。可太子却不喜欢端庄文雅的元妃，偏偏对云昭训宠爱有加，整日跟云昭训待在一起，对独孤皇后的期望置若罔闻。独孤皇后听闻此事后极为不满。后来云昭训生下了太子的骨肉，独孤皇后对太子彻底失望，便极力说服文帝改立太子。

◀（隋）观音菩萨像

该像制作年代为隋仁寿二年（602），铜镀金，现收藏于首都博物馆。该坐像头上有宝冠与高发髻，刻画简略。身着通肩大衣，左手抚膝，右手扬起，坐下有垫，边角垂下。像底设有复合式台座，上部柱形，下部方框形。菩萨身后有尖顶舟形背光，背光后面有铭文："仁寿二年三月八日王仁弟子王竟敬造。"

次侵犯大隋边境祸害百姓，大敌当前，还是把这些珠宝赏赐给前方保家卫国的将士们吧！"朝野百官和边关将士听说这件事后，都对独孤皇后大加赞赏。

每逢文帝上朝主持政事，独孤皇后都会亲自跟车送驾，一直护送到殿阁外才独自返回后宫。同时，她还吩咐侍者随时留心皇上处理政务的情况，以便及时发现和指出他的失误，提出补救措施。但独孤皇后只是一心辅佐文帝，并不直接干涉朝政。

有一次，独孤皇后同父异母的弟弟独孤陀因琐事与皇后结怨，便使用巫术来诅咒皇后，被人举报后投入大牢。独孤皇后为这件事一连几天都吃不下饭。后来她向文帝求情，说："倘若他犯下了祸国殃民的死罪，我绝不敢前来为他开脱。但是我实在不忍心看到他只是因为诅咒我而被处死，恳请皇上免他一死吧。"最后，独孤陀被赦免死罪。

独孤皇后这种公私分明、不计前嫌、宽宏大量的品格得到了文武百官、黎民百姓的敬佩，所以当时宫中把她和文帝并称为"二圣"。

但是，独孤皇后仅仅因为个人的偏好就极力说服文帝废掉太子杨勇，改立善于伪装、暴虐无道的杨广为太子，隋朝最终毁于杨广之手，令人唏嘘。

▲（隋）青釉四系罐

罐圆口，无颈丰肩，腹略鼓，腹下渐敛，近底处外撇，圈足。肩部四系对称，腹部凸起弦纹三道。器身施釉不到底，有垂流痕迹。底无釉。四系罐最初发现于河南安阳卜仁墓中，以后又在河南其他地区和陕西、河北等省出土，但在南方的隋墓中很少发现，可见它属于北方青瓷系统，为北方人喜用的一种器物。此罐的造型和施釉方法，为隋代典型器物特征。

公私分明，贤达明理

独孤皇后在对待国事上是十分开明豁达的。有一回，幽州总管曾想把一盒价格不菲的珠宝献给独孤皇后，独孤皇后婉言谢绝了。她对前来献宝的人说："我现在用不着这些东西。如今突厥屡

〉〉〉隋文帝下令修建广通渠；突厥沙钵略可汗与隋朝和解。

◎看世界／高句丽修撰国史　　　　◎时间／600年　　　　◎关键词／李文真《留记》

公元581年～公元618年
//////////大隋王朝//////////
杨广窃取皇位

杨广就是遭万世唾骂的暴君隋炀帝，他虚情矫饰，骗得父母的好感，使他们废掉太子杨勇，立自己为嗣。后来隋文帝莫名其妙地驾崩，他得以顺利登基，并杀死了自己的哥哥杨勇。杨广即位以后，穷兵黩武，曾三伐高句丽无功而返，还滥用民力大兴土木，甚至为满足私欲三游江都。他在位期间，百姓的徭役、税赋日益繁重，民间怨声载道。于是，各地义军纷纷揭竿而起，并合力推翻了他的残暴统治，而杨广最终也落得个被缢死的悲惨下场。

南征北战，战功赫赫

隋文帝杨坚称帝时，杨广刚满十三岁，那一年他被封为晋王，同时还任并州总管一职。

当年隋文帝总结前朝灭亡的教训，认识到兵权的重要性——假如当初北周有亲信掌握兵权辅佐皇帝，自己未必能轻易灭掉北周。所以他才把守护城池的任务交给了年仅十三岁的皇子杨广。为了培养皇子的管理能力，隋文帝特地为杨广延请了才识过人的王韶做辅臣。王韶不负圣命，竭尽全力辅佐杨广。

588年，文帝下令向陈国发动全面进攻，阵线从东部沿海顺着长江直达今天的四川，当时统率隋朝五十万大军的正是皇子杨广。然而，真正出谋划策、带兵杀敌的却是杨素、贺若弼和韩擒虎等诸位将领。击溃陈军后，大军驻扎建康，杨广作为统帅表现得无可挑剔：他先是斩杀了陈后主身边的那些乱臣贼子，然后封存库银粮饷，最后亲自押送陈氏皇族回京。回到长安后，杨广因功勋卓著而被封为太尉。

600年，突厥人开始扰边，他们肆无忌惮地打砸抢烧，无恶不作。文帝命杨广率领众将士反击，经过一番鏖战，终于逼退了突厥。

同其他皇子相比，杨广参与了较多战事，而且大多是得胜归来。然而这些显赫的功名也满足不了他那极度膨胀的欲望，于是他开始把目光转向了皇位。

◀隋炀帝像
隋炀帝杨广（569~618），隋朝的第二个皇帝。登基后，他巡视边塞，开通西域，开展工程建设。但他穷兵黩武，征敛重税，使百姓生于水火，终以残暴留名于世。

◀（隋）黄釉陶镇墓兽

狮形镇墓兽，呈蹲坐状。怒目圆睁，面目狰狞，头生独角，造型生动。全身施黄釉。镇墓兽是古代较为普遍的一种随葬品，用以守卫墓门，镇压鬼祟。

善于伪装，入主东宫

　　隋文帝杨坚的五个儿子（大皇子杨勇、二皇子杨广、三皇子杨俊、四皇子杨秀、五皇子杨谅）全都是独孤皇后所生。隋文帝登基后，依照惯例将大皇子杨勇立为太子，但二皇子杨广居功自傲，逐渐产生了取代皇兄的念头。

　　杨广生性骄奢淫逸，但他善于隐藏缺点，伪装自己。他发现太子杨勇的奢侈享乐引起了父皇母后的不满，就把自己伪装成一个简朴、老实的孝顺之人，以博取父皇母后的好感。每次得知父皇母后要来，他就把那些年轻美貌的姬妾藏起来，然后亲自同原配萧氏一起到门口迎驾，只让年老的女仆们穿着破旧的衣衫侍奉父皇母后。他的伪装逐渐骗取了文帝和独孤皇后的信任。同时，他还常常贿赂宫中侍者，让他们经常在父母面前夸赞自己。

　　不仅如此，他每次奉召进京，都特地把自己打扮得十分朴素，坐旧车，驾老马，用老仆，对父母也十分孝顺，关怀备至。当得知太子只肯亲近下人而不愿理睬百官引起朝中众臣不悦后，杨广每次进京都专门去拜访朝中文武百官，他谦卑的态度和礼貌的言辞赢得了满朝文武的赞誉。每次离京前，他都要进宫辞别母后，临别时还要假装很伤心地痛哭。这样一来，皇后便觉得杨广是最孝顺的皇子。

　　太子杨勇却恰恰相反，他胸无城府，自由随性。明知父皇母后倡导节俭，他依然铺张浪费；明知皇后最恨男子姬妾成群，他仍然寻欢作乐。不仅如

◎**看世界**／福克斯推翻摩里士政权　　◎**时间**／602年　　◎**关键词**／多瑙河　驻军将领

▲（隋）藻井图案

位于敦煌莫高窟第四百零七窟。藻井是石窟建筑顶部的装饰图案，也是敦煌图案中的精华。此窟为覆斗形顶，藻井中心绘一朵八瓣大莲花，圆心绘盘旋追逐的新纹样。莲花四周环绕飞翔着八飞天，井心四边画菱格莲花纹边饰和铺于四周的四角帷幔。

力拉拢宠臣杨素。为了说服杨素在废立太子的事情上帮助自己，杨广派宇文述先去拉拢杨素的弟弟杨约，然后再一步一步接近杨素。于是，宇文述经常找机会陪杨约赌博，并且故意让他赢去很多钱，然后趁他高兴的时候吓唬他说："现在太子杨勇跟你们兄弟的关系这么恶劣，一旦将来他登基，你们兄弟就该遭殃了。"杨约吓得忙问该怎么办，宇文述便让他说服哥哥杨素在文帝面前多夸赞杨广，同时压制朝中支持杨勇的大臣。在杨广的精心策划下，没过多久，杨勇的太子位就被废掉了，杨广终于如愿以偿登上了太子之位。

阴谋得逞，窃居帝位

当上了太子的杨广依然感觉不踏实。为了确保自己能在太子位上坐得稳妥，他指使杨素诬陷自己的皇弟杨秀，借不明就里的文帝之手把杨秀贬为庶民。604年，文帝病重，卧床不起，在仁寿宫养病。觊觎皇位已久的杨广等得有些不耐烦了，便找杨素商量对策。想不到杨素的回信却落在文帝手里，文帝看到信的内容后大发雷霆。紧接着，宣华夫人也来到文帝床前哭诉杨广冒犯自己。火冒三丈的文帝急召杨勇入宫，想废掉杨广重立杨勇。

杨广听到风声，立刻把文帝身边侍者全换成自己的心腹。没过多久，隋文帝就驾崩了，所以有人猜测文帝是被杨广谋害致死的。同时，杨广还假传圣旨将杨勇一家满门抄斩以绝后患。604年，杨广如愿登上皇位，史称隋炀帝。

虽然杨广文武双全，但其本性贪婪残暴。夺取皇位后，他整日醉生梦死，荒淫无度，终于激起民愤，把自己送上死路。

此，他还故意冷落母亲精心为他选定的元妃。这些都引起了父母的不满，但他自己却不愿收敛，还心安理得地接受文武百官的朝拜，这更激起了文帝的不满。

这时，杨广已经开始千方百计地谋划夺位了。为了夺得太子之位，杨广不惜演戏诬陷太子杨勇。有一回，杨广在探望皇后时突然跪倒在地，并失声痛哭起来。皇后问他发生了什么事，他回答说皇兄杨勇正在预谋杀害他。原本就对杨勇失望至极的皇后对此深信不疑。此后，独孤皇后经常在文帝面前数落杨勇的不是，时间长了，连文帝也开始讨厌杨勇了。

另外，杨广还采用了心腹宇文述的建议，极

◎看世界／日本定百官位十二阶　　◎时间／603年　　◎关键词／圣德太子

公元581年～公元618年
////////////////////大隋王朝////////////////////
隋炀帝开凿大运河

隋炀帝在位时，下令开凿了大运河。这条运河的开凿耗时六年，连通了我国五大自然水系（长江、淮河、黄河、海河、钱塘江）。虽然隋炀帝开凿运河的主观目的是便于享乐，但大运河在客观上却巩固了南北的统一，在军事上能确保军需的供应，在经济上促进了南北交流，其积极作用不容忽视，因此它被誉为世界上最伟大的工程之一。

巩固统治，开凿运河

江南地区的经济早在魏晋南北朝时期就已经有了快速的发展。隋时，扬州一带是江南最繁华的地区。隋朝的都城定在北方，虽然北方的经济发展得也很好，但由于两京和边防军要消耗很多粮草，而这些粮草主要依靠江淮地区供应，只靠陆路运输是远远不够的。因此，开通运输粮草的运河成为当时社会经济发展的切实需要。从政治角度讲，隋朝政府也迫切需要开通一条贯通南北的运河，以加强对南方地区的控制。同时，喜爱吃喝玩乐的隋炀帝也希望能经常乘龙舟到江南去寻欢作乐。当时，隋朝政府财富充足，为开通运河提供了良好的物质条件。因此，炀帝从政治、军事、经济上综合考虑，决定利用旧有渠道和天然河道，打通一条贯穿南北的大运河。

事实上，隋文帝在隋朝建国初期就开始修筑水运渠道了，当时是为了把南方的粮草物资输送到关中，以夯实新王朝的经济基础，巩固杨隋政权。584年，建筑专家宇文恺奉命征调民夫开掘了"广通渠"。这条渠长达一百五十多千米，把渭河的水向东引至潼关，很好地解决了关内的漕运问题。

587年，为了给将来调动兵力、吞并江南做准备，文帝征集了大量的人力和物力，开始开凿"山阳渎"。这条运河是沿着春秋时吴王夫差开掘的邗沟旧道开凿的，从今江苏扬州一直通到江苏淮安，沟通了长江和淮河两大水系。山阳渎开通的第二年，文帝便发兵攻陈，而这条运河对当时兵力的调运和后勤的保障都起到了至关重要的作用。

而炀帝开凿的这条运河以洛阳为中心，从北向南分为三段：北段名为"永济渠"，从涿郡（今北京）西南通往洛阳；中段名为"通济渠"，从洛阳直通山阳，再从山阳连接隋文帝开通的山阳渎，

继续向南延伸到达扬州,最后抵达长江;南段名为"江南河",从京口(今镇江)一直通向余杭(今杭州)。整条运河北起涿郡,南到余杭,沟通了海河、黄河、淮河、长江和钱塘江五大水系,西接关中盆地,北至华北平原,南抵太湖沃土,绵延四五千里,是当时世界上最宏伟的水利工程。

劳民伤财,泽被后世

605年,尚书右丞皇甫议奉炀帝的旨意在全国征集了一百多万劳力前往开凿通济渠。这条水渠从洛阳西边引谷水、洛水入黄河,再从汜水县东北面引黄河水经荥泽流入汴水,又从汴州东边引汴水进入安徽泗水并连通淮河,接着再从淮河引水流经邗沟到达江都(今扬州),最后将邗沟向南延伸,与长江汇合。这条运河宽二百四十尺,两岸专门建有方便隋炀帝出行的便道,两旁遍植杨

柳,在通往江都的沿岸还修建了四十多座行宫。隋炀帝三下江南都是走的这条水路,所以通济渠又名"御河"。

隋炀帝在通济渠开工当年盛夏便乘龙舟东游。这样一项浩大的工程耗时还不到半年的时间,足见当时劳役之苦,这在中国乃至世界水利工程史上都是绝无仅有的。608年,隋炀帝又征集一百多万军民发往河北开掘永济渠。作为黄河的支流,沁水根本就不需要用人工"引"到黄河。事实上隋炀帝意在挖掘沁水的上流,让它与清、淇两水相接,最后到达涿郡。

610年,隋炀帝下令开掘京口至余杭段的"江南河"。河的两岸修筑有御道驿宫,为隋炀帝东游会稽做准备。江南河为隋炀帝搜刮江南民脂、满足其腐败的物质享受提供了便利。

从当时情况看,隋炀帝为巩固统治和满足私欲而开通运河,给老百姓带来了巨大的灾难。运河从605年开工到610年贯通,共征调三百多万来自河南、河北、淮南、淮北和江南各地的贫苦百姓及普通士兵。在挖掘永济渠时,由于男丁不足,竟然还征调女子。在挖凿过程中,大批劳力积劳成疾相继死去,千千万万家庭骨肉分离,家毁人亡。

但从长远来看,这条大运河并非一无是处,它不但对当时交通的发展、经济的繁荣、政治的稳定和文化的交流起到了一定的推动作用,甚至直到今天,这条运河依然发挥着积极的作用。它的长度在世界人工河中高居榜首,河道的深度和宽度以及通航能力也名列前茅。它集中体现了我国古代劳动人民无穷的智慧和伟大的创造力。

◀今天的大运河
隋代建造的大运河是世界上开凿最早、最长的一条人工河道,为沟通南北经济、文化等作出了巨大的贡献。

杨素，字处道，弘农华阴（今陕西华阴）人，隋朝名臣、诗人，杰出的军事家、政治家，隋初四大名将之一。杨素出身士族，祖父杨暄官至北魏辅国将军、谏议大夫，父亲杨敷曾任北周汾州刺史。杨素"少落拓，有大志，不拘小节"，在随隋文帝讨伐异族、一统全国的过程中，统领全军奋勇杀敌，立下了赫赫战功，但终因功高盖主，晚年遭隋炀帝猜疑并受到排挤，最后郁郁而亡。

公元581年~公元618年
//////////大隋王朝//////////
隋朝名将杨素

北周臣子，依附杨坚

隋朝初期，国内政局尚不稳定，北边突厥常来侵扰，南面陈国虎视眈眈。在这种局势下，隋文帝决定南征北伐，一统天下。为此，隋文帝招揽多位名将，其中就包括杨素。

杨素从小就有远大的抱负，他擅长文学和书法，史书上称他"研精不倦，多所通涉。美须髯，有英杰之表"。北周时，掌握朝政的重臣宇文护非常欣赏杨素，提拔他为大都督。

572年，北周武帝宇文邕除掉宇文护夺回朝政，曾被宇文护提拔的杨素受到株连，但是后来又被周武帝重新重用。575年，周武帝准备攻打北齐，杨素主动请战，表示愿意率领父亲杨敷的旧部担任先锋。周武帝应允了，并赐给他一条竹策，说："朕方欲大相驱策，故用此物赐卿。"杨素跟随齐王宇文宪攻克了北齐的河阴。因战功显赫，杨素被封为司城大夫。

580年初夏，北周宣帝宇文赟病死，由于继位的北周静帝宇文阐年龄太小，所以由左丞相杨坚摄政。杨素知道杨坚势力庞大，且怀有谋位的野心，于是主动与杨坚结交并投靠到他的门下。杨坚久闻杨素才华过人，因此也十分看重他，没过多久就把杨素提拔为汴州刺史。

参与建隋，率兵南征

581年，杨坚身披黄袍，登上帝位，建立隋朝，准备攻占江南，实现南北统一。这时，上柱国杨素主动为隋文帝杨坚伐陈献计献策，他的建议得到隋文帝的认可，于是，他奉命以信州总管的身份负责灭陈的准备工作。杨素驻扎永安以后，立即召集大批工匠，着手制造舰船和训练水兵。数年后，他指挥造出了数千艘各种型号的战船，并训练好了

◀（隋）文官俑

隋朝废去九品中正制的选举制度，逐步建立科举制度，图中文官俑所指文官正处于科举制逐步建立的这一时期。此俑头戴方帻，上穿宽袖衣，下着曳地裳，腰束宽带，脚穿鞋。

〉〉〉隋文帝欲在岐州（今陕西凤翔）修建一座行宫，建筑大师宇文恺被任命为"仁寿宫监"和"将作少监"。

一支战斗力强大的水兵队伍。

588年春天，文帝下诏出兵伐陈。同年秋天，杨坚在寿春设淮南行台省，任命晋王杨广为"行台尚书令"，总督伐陈之战；杨素与杨广、秦王杨俊同为"行军元帅"。他们集齐水陆大军五十万，统一由杨广指挥调度，沿着长江分八路大军一起攻打陈国，其中水军主力由杨素指挥。杨素率领大军从巴东郡出发，顺江东下，一路攻打陈国的水陆两军。

一个月后，杨素率领大批水军从永安继续东进，一直抵达长江三峡，并快速向西陵峡的流头滩逼近。陈国将领戚昕用数千兵力和一百多艘战船死守要害狼尾滩，竭力阻止隋军继续东进。狼尾滩地形险峻，易守难攻。杨素采用智取的计策，没用几天就攻克了这一难关。

杨素向来反对虐待俘虏。他将所俘敌军全部释放，同时严明军纪，禁止侵扰百姓，达到了收买人心的效果。隋军乘胜继续向东进军，历经四十多场战争，终于在589年春将陈国守军彻底击败，使长江下游的另一路隋军顺利渡江，成功占领陈都建康，并活捉了陈后主，陈国灭亡。回朝后，杨素因屡建奇功而被晋封为郢国公，赐邑三千户。但由于前朝曾经有人被封为郢国公，所以后来杨素又被改封为越国公。

结交杨广，出谋划策

600年，晋王杨广被任命为灵朔行军元帅，杨素在其手下做长史，从此，二人开始互相勾结。后来隋文帝废掉太子杨勇而改立杨广，就与杨素的策划密不可分。

604年，文帝一病不起，便命杨素与柳述等人入阁候旨。文帝即将西去，杨广急于登基，于是他给杨素写了一封求策信。杨素写好回信后差人传给杨广，但这封信却不小心传到了隋文帝的手中。隋文帝看到信后，终于看清了杨广的真面目。正当隋文帝因此事大发雷霆的时候，恰巧杨广企图冒犯隋文帝的爱妃宣华夫人，宣华夫人跑到隋文帝那里哭诉。

隋文帝闻讯，决心立刻废掉杨广，重立杨勇。入阁候旨的杨素很久没有得到召见，意识到情况有变。他差人打探到隋文帝正准备废掉杨广的消息后，立即与杨广商议对策。随后一系列的事情发生了：柳述被打入大牢；东宫卫士去上台守夜，由杨广心腹宇文述、郭衍亲自把住出入关口；张衡入宫服侍隋文帝，并把侍奉隋文帝的两位夫人驱逐到其他寝宫。没过多久，隋文帝便暴毙身亡了。

杨广在杨素的扶持下登上了皇位。登基后，他立刻指使杨素的弟弟杨约潜入长安除掉杨勇，然后把姐夫柳述流放到龙川，接下来又召诸皇弟进京，想斩草除根以绝后患。五皇子杨谅预感不妙，起兵对抗。于是，杨素被任命为行军总管，负责讨伐杨谅。

杨谅在晋阳被杨素打败，最终被囚禁致死。605年，隋炀帝封杨素为尚书令（尚书省长官）。几天以后，又加封杨素为太子太师，以此来奖赏杨素助他谋权篡位的功劳。

功高震主，郁积而终

杨素依仗皇帝的恩宠耀武扬威，除了牛弘等少数官员外，朝中大部分大臣都遭受过他的欺凌侮辱。史万岁是与贺若弼、韩擒虎齐名的良将功臣，官居左卫大将军。视权如命的杨素担心他日后威胁自己的地位，便想方设法除掉了史万岁。

杨素的人生在政治生涯达到巅峰以后开始逐渐下滑。过去，他为帮助隋炀帝篡权夺位，曾不遗余力地出谋划策，二人可谓沆瀣一气，狼狈为奸；

◎看世界／印度戒日王即位　　　　　◎时间／606年　　　　　◎关键词／统一北印度

◀科考放榜
我国自隋朝开始的科举制度在
唐朝得以完备。唐朝科举考试
分常科和制科两类，每年分期
举行的考试称常科，由皇帝下
诏临时举行的考试称制科。

但现在炀帝已登基称帝，并铲除了
皇室后患，杨素对炀帝来说已经毫
无用处了。同时，杨素位高权重，
其亲戚子侄充斥朝廷，门客死党
遍及天下，这些都时刻威胁着杨
广。更重要的是，炀帝篡权夺位的
计谋就是杨素亲自策划的，他对于其中的细节心
知肚明，难保日后不会帮助其他人再次篡位。于
是，炀帝开始有了铲除杨素的念头。杨素闻讯，
竟忧愤得一病不起。

得知杨素身患重病，炀帝假意差遣名医为其

诊疗，并赐予贵重的药
物，暗地里却偷偷打听杨
素还能活多少时日。炀帝的话
传到杨素的耳朵里，杨素明白自己
已经没有机会东山再起了。606年夏天，杨
素忧郁而亡，时年六十六岁。杨素一生指挥了吞
并陈国、平叛江南、北伐突厥、扫平杨谅等重大
战役，为隋朝统一中原、安邦定国作出了巨大贡
献，但是他滥用职权、残害忠良的行径也常为后
人所不齿。

〉〉〉高句丽、百济、新罗开始向隋朝朝贡。

◎看世界/拜占庭希拉克略王朝建立　　　◎时间/610年　　　◎关键词/希拉克略

贺若弼，字辅伯，洛阳人，隋朝著名将领，鲜卑贵族出身。"贺若"是复姓，在鲜卑语中是"忠贞"的意思。由于贺若弼的祖上曾经为北魏立下过汗马功劳，所以孝文帝御赐"贺若"作为其家族姓氏。贺若弼先后在北周和隋朝担任要职，见证了国家由分裂走向统一的历史变革过程。在隋王朝扫平江南、统一全国、击退突厥的屡次征战中，他攻无不克，战无不胜，屡建奇功。遗憾的是，他最终因居功自傲、口不择言，含冤而死。

公元581年~公元618年
大隋王朝
贺若弼妙计灭陈

出身将门，谨言慎行

贺若弼的父亲贺若敦是北周时期著名的将领。当时北周、北齐、南陈三国的疆域犬牙交错，其中北周与北齐以洛阳为界东西对峙，南陈又与北齐比邻而居。三国中北周势力最强，北齐次之，南陈最弱，它们剑拔弩张，都在寻找机会吞并对方。

560年，北周明帝下令贺若敦领兵攻取南陈的湘州，由于遭到陈军奋力抵抗，战争整整持续了一年。后来，深入敌境的贺若敦因孤立无援，再加上后备给养不足，不得不撤兵回国。他一回到江北就被

免去官职，贬为庶民，虽然后来又被重新任用，但也不过是担任刺史。贺若敦从不隐藏心中的怨气，这引起了权臣宇文护的不满。565年，贺若敦被迫自尽。他临死前叮嘱儿子："我没能平定江南，你要替我完成这个心愿，但要记住言多必失的教训。"然后用锥子刺破舌头，以示警诫。

当时周武帝宇文邕对太子的要求非常严厉。太子担心父皇知道自己品行不端，便刻意掩饰，因此，武帝从

▶贺若弼攻灭南陈

贺若弼善于攻战，足智多谋，在讨伐南陈战争中，他献上"伐陈十策"，获得隋文帝称赞。贺若弼挥师进据钟山，奋力击溃陈军主力，因灭陈有功，被封为柱国大将军，晋爵宋国公。

〉〉〉南海神庙始建。南海神庙是中国古代著名的"海上丝绸之路"的发祥地，也是历代皇帝祭祀海神的庙宇。

◎看世界／波斯攻陷拜占庭帝国叙利亚首府　　　◎时间／611年　　　◎关键词／安提俄克城

未发现太子的过错。上柱国乌丸轨私下里对贺若弼说："这样的太子将来一定难成大器。"贺若弼认为有道理，便让乌丸轨禀明武帝。于是乌丸轨便上奏说："我曾经跟贺若弼讨论过，太子恐怕难以担当治理天下的重任。"武帝连忙询问贺若弼，贺若弼铭记父亲的临终教诲，而且深知太子地位已牢不可破，为避免灾祸，便回答说："太子品行俱佳，聪颖好学，我从没发现他有什么过错。"从此武帝便不再讨论这件事了。后来乌丸轨埋怨贺若弼临阵退缩，贺若弼辩解道："君不慎言失臣，臣不慎言失身，因此不敢妄加议论。"后来，太子登基后果然很快诛灭了乌丸轨，而谨小慎微的贺若弼却躲过了这场灾祸，安然无恙。

运筹帷幄，所向披靡

587年，隋朝扫平了北方突厥的进犯。稳定了边疆局势以后，隋文帝封杨广为行军元帅，率领水陆大军五十多万，从信州出发，分八路开始全面进攻南陈。出征之前，贺若弼根据自己在驻守广陵期间了解到的南陈的情况，提出了"伐陈十策"，得到文帝赏识。果然，在兼并南陈的过程中，贺若弼的计策屡屡奏效。

讨伐南陈的行动刚刚开始，贺若弼就带领五千士兵迅速横渡长江。当时，南陈后主和他的守防将士们并没有意识到危险降临，直到正月初四，边境告急，他们才慌忙调兵遣将，匆匆迎敌。正月初六，贺若弼占领京口，生擒在京口守备的南徐刺史黄恪。这座为南陈储备了大量粮草的城池，是南陈北方的重要关口。贺若弼严肃军纪，秋毫无犯，凡有军士私拿民间一物者，立斩不赦。

就在贺若弼从京口出发继续向西南逼近建康时，由隋将韩擒虎率领的另一路大军按照约定从采石过江，攻克姑孰后，也顺江而下直奔建康。

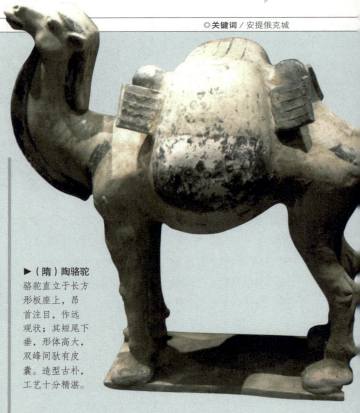

▶（隋）陶骆驼

骆驼直立于长方形板座上，昂首注目，作远观状；其短尾下垂，形体高大，双峰间耷有皮囊。造型古朴，工艺十分精湛。

很快，建康便处于隋朝两路大军的前后夹击之中。贺若弼刚一渡过长江，便派人阻断了陈军通往东南太湖一带的救援路线，然后继续向建康挺进；与此同时，韩擒虎猛攻石子冈，破城后又继续一路攻城略地，向建康逼近。建康被攻破后，陈后主慌乱中藏进一口枯井里，后被韩擒虎发现并活捉。贺若弼也在当晚从北门攻入城内。随后，隋军彻底占领了建康。建康沦陷，后主被俘，士兵、百姓纷纷投降，南陈灭亡了。

隋军占领建康后的第三天，行军元帅杨广才到达。嫉贤妒能的杨广以擅自渡江的罪名将贺若弼拘禁起来。远在京城的隋文帝闻讯连忙下诏，命杨广释放贺若弼，并分别发诏表彰贺若弼和韩擒虎两位将军。大军回京后，文帝晋升贺若弼为宋国公，封邑三千户，官至右领军大将军，并将陈后主的妹妹赐给他做妾。

〉〉〉隋文帝东巡齐州，参拜泰山后，巡幸灵岩寺和静默寺。

争名表功，失言殒命

　　扫平南陈后，立下赫赫战功的贺若弼开始骄傲自满起来。此时贺若一族地位显赫，除贺若弼被封为国公以外，他的哥哥贺若隆是武都郡公，弟弟贺若东是万荣郡公，同时为刺史将。因此他常常鼓吹自家劳苦功高，甚至以宰相自居，开始追求奢侈铺张的贵族生活。文帝得知以后，非常愤怒。贺若弼自封为相的行为，多少有些无视皇家的威仪。于是，文帝立刻同时封杨素和高颎二人为相，而贺若弼仍是将军。文帝的态度使贺若弼在百官面前威风扫地。他愤恨不平，四处宣泄，甚至不注意言辞直接冲撞皇帝，再加上杨素等人的有意诬陷，没过多久，他就被免掉了官职。

　　592年，贺若弼被捕入狱，本应治其死罪，但文帝念其曾经有功，只是把他贬为平民。一年后，贺若弼虽又恢复了宋国公的爵位，但心存芥蒂的文帝却再也不肯重用他了。

　　599年，宰相高颎不小心得罪了文帝和独孤皇后。这时，不懂察言观色的贺若弼竟挺身而出为高颎开脱，隋文帝因此开始考虑是否再次拘禁贺若弼。而在废立太子这件事上，贺若弼又不识时务地极力为太子杨勇说情，再加上他因拜相无望，要求调任扬州或荆州，而当时扬、荆两地是犯上作乱的敏感地带，于是，文帝怀疑贺若弼已有二心，便再次将他打入大牢。直到后来隋文帝有些悔意，贺若弼才得以重见天日。

　　604年，太子杨广继承皇位。杨广在很久以前就有铲除贺若弼的念头了。当年吞并南陈以后，他曾以违反军令、私自提前渡江作战为由将贺若弼拘禁起来，再加上后来贺若弼在废立太子的事情上支持杨勇，因此，杨广一直视其为眼中钉。

　　607年，贺若弼奉隋炀帝之命巡察北方边境。此前，炀帝曾命宇文恺修建一座富丽堂皇的行

▲（隋）菩萨与弟子

塑于敦煌莫高窟第四百一十九窟。菩萨头戴宝冠，脸型圆润丰满，是隋代菩萨的代表作。弟子阿难则为聪慧稚气的年轻人的形象。

宫，他在行宫内大摆宴席宴请突厥可汗和各部酋长贵族，并赏赐给他们大量财物；同时，还耗费巨资修筑长城。炀帝的举动引起了文武百官的异议，贺若弼也私下与人议论。接到密奏的炀帝便以"诋毁朝政，扰乱民心"的罪名处死了贺若弼等人。曾经功勋卓著的贺若弼居功自傲，终于因为口无遮拦而死。假如他能牢记父亲的临终教诲，也许不会有这样的结局。

高颎，字昭玄，渤海蓨县（今河北景县）人，隋朝杰出的政治家、军事家。他协助隋文帝杨坚登上皇位，一统天下，并在辅佐隋朝两代皇帝的二十多年里，制定律法，改革税制，出兵伐陈，抗击突厥，是隋朝开创"开皇之治"盛世局面的大功臣。但就是这样一位忠心耿耿的宰相，最后却被暴虐的隋炀帝以莫须有的罪名诛杀，含恨而死，实在是一桩憾事。

公元581年～公元618年
////////// 大隋王朝 //////////
隋相高颎竭诚尽节

辅佐杨坚，平南扫北

高颎的父亲高宾曾在北齐担任官职，后因避谗投奔北周。北周权臣独孤信十分看重高宾，曾任用他为僚佐，并把"独孤"赐给他作家族的姓氏。杨坚掌握了北周的军政大权后，想拉拢高颎，于是差人试探高颎的态度。想不到高颎竟爽快地答道："我非常愿意追随杨公左右，赴汤蹈火，在所不辞。"从此，高颎就成了杨坚的亲信。

杨坚即位后，高颎随即被任命为左仆射，兼纳言，进封渤海郡公，后来又被封为左领军大将军，封爵拜将，好不风光，满朝文武无人能及。其实高颎心里明白，职位越高就越容易遭人嫉妒，于是他总

▶（隋）青釉蹲猴壶

壶的颈肩部凸起弦纹三道，一侧置龙柄，龙嘴衔壶口；另一侧有一小猴，挠头抓膝，活泼有趣。

是表现得虚怀若谷，还向文帝极力举荐德才兼备的苏威，并主动要求免去自己的仆射职位。

隋文帝心怀天下，在他准备吞并江南时，曾向高颎征求讨伐南陈的意见。高颎分析道："首先应该放出风声说我们要进行偷袭，使他们因加强防守而耗费精力，逐渐瓦解其斗志。然后派人潜入陈国境内，焚烧、毁坏其军用物资，使他们因军需匮乏而无力进行反抗。最后我们挑选合适的时机，兵分几路围攻他们，这样一定能一举拿下南陈。"事实证明，高颎的计策非常奏效。

后来，晋王杨广领兵伐陈时，封高颎为"长史"，军中事务全部交由他来裁决。吞并南陈以后，杨广想收陈后主的宠妃张丽华为妾。高颎用当年武王伐纣后立即杀掉妲己的事为例，劝杨广不要纳陈后主的遗妃。随后，他执意杀掉了张丽华，杨广为此非常生气。回朝以后，高颎被提拔为上柱国，并加封为齐国公。文帝对他说："你平定江南以后，有人说你意图谋反，我已经把造谣的人杀掉了。你我二人多年来患难与共，怎么能轻易被小人离间呢？"善用政治手段的文帝所

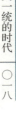

〉〉〉著名的古刹国清寺始建，它是中国和日本佛教天台宗的祖庭。

说的这些话一方面表明了他对高颍的高度信任，另一方面又警示他不要心存他念。其实，文帝的确很担心高颍会背叛他。不久以后，文帝便把太子的女儿赐婚给高颍的儿子，企图以这种联姻的方式牵制住高颍。

大功告捷，忠臣遭弃

话说当年高颍的父亲高宾曾得到独孤信的赏识，所以高家与独孤皇后关系密切。高颍原配夫人去世后，文帝在独孤皇后的请求下，想赐妾给高颍，但是高颍婉言谢绝了。文帝不再勉强，就将此事搁置一旁。没过一年，忽然传闻高颍的爱妾生了个儿子，文帝听说后十分高兴，准备亲自去道贺，但是皇后却非常生气。文帝问她原因，她说："皇上曾经想要赐妾给他，他借口要焚香敬佛拒绝了，原来是府内早有美妾。他竟然敢这样当面欺君，皇上还要信任这种人吗？"其实，独孤皇后这样说完全是由于嫉妒心作怪。她嫉妒心极强，身为天子的文帝从来不敢染指后宫嫔妃；如果皇子中谁的宠妾生了孩子，那个孩子必定会被下令抛弃；如果哪位大臣的姬妾生了孩子，她一定会力劝隋文帝免其官职、逐出朝廷。所以高颍的爱妾生子，自然也引起皇后的不悦。后来，高颍又在废太子的事情上得罪了皇后。于是，独孤皇后也不顾当年情谊，千方百计想把他赶出朝廷。

这时，文帝准备出兵高句

▶（隋）五铢钱

汉武帝时确立将"五铢"作为钱名。五铢钱边缘加一圈凸起的边，其铸造精致规整，大小合适，外又有边圈，久用后很光滑，深受百姓欢迎。隋代以前，各个朝代一直用五铢钱作钱名。

丽，高颍觉得时机不成熟而坚决反对。文帝执意封高颍为元帅长史，随同汉王杨谅发兵征讨高句丽，结果大败而归。独孤皇后趁机陷害道："高颍原本就不想去，无奈皇上下令，他不得不去。他会大败而回，我早就猜到了。"偏偏当时年轻的汉王根本不懂如何领兵作战，而高颍又没有完全按照他的意思行事。吃了败仗的汉王便怀恨在心，诬陷高颍想要谋害他。文帝听后勃然大怒，想要治高颍的罪。朝中贺若弼等大臣联名为高颍辩解，这却更加惹恼文帝。他将出面说情的大臣全部交给狱吏严加盘问，此后再也没有敢替高颍说话的人了。高颍最终被罢免了官职。

高颍追随杨坚并帮助他坐稳江山，几十年间他劳

◀（隋）青瓷象首净瓶

器口塑一假盖，敛部置象首流口，圆腹，圆饼状实足。通体施米黄薄釉，开冰裂纹。此器名为军持，俗称净瓶，是佛事净手用器，晋代开始使用，隋唐常见。此军持用象首装饰流口，别具一格，造型奇特，制作精美。

▲（隋）炊事女俑

灶台呈长方形，灶面可见两个放炊具的火眼，隔火山墙与烟囱位于两端。立于灶前之俑头盘双髻，左手撑台，右手似正翻炒。蹲于灶口之俑头梳单髻，鼓腮做吹火状。该组俑用泥质灰陶做成，表色土红，淋漓尽致地表现了隋代居民日常的生活情景，生动形象。

心劳力，在收江南、战高句丽、退突厥、定朝制中发挥了巨大作用。当年，杨坚还对高颎说过"即使大事不成，遭到诛灭九族的灾难，也无须畏惧"的话。想不到如今他却被贬官还乡，怎能不怆然涕下呢？

竭诚尽节，含冤被杀

没过多久，高颎又被揭发有不忠言论，但文帝不忍心杀掉立下赫赫战功的高颎，只把他贬为平民。当初高颎刚刚荣升仆射、官拜相国的时候，母亲曾提醒他："你现在位高权重，皇帝恩宠，以后难免会招来杀身之祸，要小心提防！"高颎因此一直十分谨慎。这次被贬为平民，高颎觉得自己逃过一劫，表现得非常高兴，没有一丝怨气。

隋炀帝称帝后，任用高颎为太常卿。高颎见炀帝终日饮酒寻欢疏于朝政，对大臣李懿说："当年殷商和周朝都因君主沉溺玩乐而亡国，现在怎么能犯同样的错误呢？"没想到这句话传到炀帝那里，他听后勃然大怒，以"诽谤朝政"的罪名诛杀了高颎。其实，早在炀帝觊觎太子位的时候就已经同高颎结怨了。从高颎被重新起用，到后来炀帝小题大做诛杀高颎，一切都是早有预谋的。

高颎是隋朝最明达世务、竭诚尽节的开国功臣，他自拜相以来，就以协助皇帝治理天下为己任，举荐了苏威、杨素、贺若弼、韩擒虎等一大批忠臣良将。在他为官的二十多年里，满朝文武无不对他心悦诚服，而他最后冤死在隋炀帝手上，实在令人惋惜。

〉〉〉隋文帝废太子杨勇为庶人，同年立晋王杨广为太子。

◎看世界／日本大臣苏我马子执政　　　　◎时间／622年　　　　◎关键词／拥立外甥女　第一女皇

李密，字玄邃，长安（今陕西西安）人，隋末农民起义领袖，出身于士族大家，他的父亲李宽是隋朝的上柱国、蒲山公。李密英勇善战，谋略过人。隋朝末年，天下大乱，各地义军、叛军纷纷揭竿而起。李密投奔高举反隋大旗的瓦岗寨，并带领瓦岗义军南征北战，四处打击隋朝各地的统治机构，为瓦岗军的发展壮大发挥了作用，也为推翻隋朝的残暴统治作出了贡献。

公元581年～公元618年
////////////大隋王朝////////////
瓦岗之主李密

后来义军被炀帝镇压，杨玄感兵败而亡。逃亡的李密被生擒后，在押解的途中用计脱身。此后的几年里，李密在平原、淮阳一带隐姓埋名，以躲避朝廷的追杀。

616年秋天，李密加盟翟让领导的反隋组织——瓦岗寨。瓦岗寨义军人数过万，主要由贫困的农民和渔猎者组成，他们一般活动在汴水所经过的荥阳郡和梁郡一带。瓦岗寨义军抢夺过往公私船只的货物，劫富济贫，虽然多次遭到朝廷剿杀，但队伍一

少有大志，投奔瓦岗

隋开皇中期，李密世袭父爵为蒲山公。大业元年（605），李密又被封为左亲卫府大都督和东宫千牛备身。但是没过多久，他就辞去了官位，开始师从国子助教包恺，专事攻书。李密有勇有谋，文武兼济，与杨素的儿子杨玄感交往甚密。

613年，隋炀帝第二次远征高句丽期间，杨玄感起兵反隋。李密为杨玄感举兵起义出谋划策，大力相助，无奈杨玄感刚愎自用，并未完全采纳李密的计策。

▶瓦岗军袭占兴洛仓

李密率领的瓦岗军趁隋炀帝游玩江都之际，袭占兴洛仓，开仓放粮救济饥民，不仅充实了粮草，还得到民众的拥戴，可谓一举两得。

直在发展壮大。

以谋略见长的李密在瓦岗寨内部的势力逐渐变大。他军纪严明，生活简朴，每次都把抢来的钱财全部分给起义军将士，因而得到了将士们的广泛拥戴。

617年春天，炀帝在江都游玩。李密说服了翟让，命令瓦岗军趁此机会袭击疏于防范的东都兴洛仓。一番鏖战过后，瓦岗军占领了这座隋朝最大的粮仓，随后立即开仓放粮救济饥民。此次偷袭，瓦岗军不但获得了足够的粮草，还因救济百姓而得到了他们的拥戴。

李密在瓦岗寨中充分发挥军事才华，为瓦岗军的发展壮大立下了汗马功劳，他的威望逐渐树立起来，其他各路义军也对他十分敬佩。

骄傲自矜，战败投唐

617年秋天，李密获得了瓦岗寨的领导权，开始设立政权机构。他自称魏公，并定年号为永平。

不久，李密杀掉了翟让，并大量任用反叛隋朝的官员。他的这些做法，对瓦岗军的发展产生了严重的消极影响。

后来，王世充组织人马夜袭兴洛仓，对此早有防范的李密不费吹灰之力就大败王世充。死伤惨重的王世充军转移到洛北。在得到越王杨侗支援的七万兵力后，他卷土重来，企图造浮桥横渡洛水攻击瓦岗寨。

待到王世充的部队渡过洛水来到城下，李密才选拔几百精兵分成三路出击。王世充的队伍不堪猛击，纷纷掉头撤退，成千上万的兵卒争相过桥逃命，局面混乱，不少人失足落入河中溺死，其中杨威、王辩、霍世举、刘长恭等将领在这次战役中阵亡。大败的王世充向河阳仓皇逃窜，李密则乘机占领了偃师和金墉城。

后来，窦建德、徐圆朗和裴仁基等人力劝李密称帝，但是李密一直没有答应。

618年春天，右屯卫将军宇文化及在江都拥兵叛变，除掉了隋炀帝，自封为相。随后，他率领十余万大军向西挺进。当时李密占据巩、洛两地。宇文化及便先占东郡，再打黎阳。李密带领两万人马驻扎在清淇，并命令徐世勣守住仓城，宇文化

▲（隋）佚名《备骑出行图》（局部）

此壁画绘在徐敏行夫妇墓墓室四壁与门洞内外，有《徐侍郎夫妇宴享行乐图》《徐侍郎出行仪仗图》《徐侍郎夫人出游图》以及侍卫、门吏诸像。画中有人物，也有山水。所画人物都用铁线描，平涂颜色。着色以重彩为主，个别处兼施淡彩。这里所选的是《出行图》中的四个侍卫像，他们姿态不同，表情各异，用笔简练劲健，风采独特。

及久攻不下。李密知道宇文化及粮草不足，便故意拖延周旋而不与他正面交锋。李密还假装去求和，送给宇文化及大量粮草，然后在暗中切断了他的后路。

宇文化及不知有诈，欣然接受，等醒悟过来时已经太迟了。最后，两军在卫州童山决战，宇文化及惨败而归。

后来，王世充又企图篡权。李密见敌人内部出现矛盾，误以为东都很快就能拿下。想不到王世充获得政权后，厉兵秣马，又开始攻打李密。由于李密疏忽大意，导致全军溃败，手下将士死的死，降的降。

吃了败仗的李密只好投奔河阳的部将王伯当，他对王伯当说："我们打败了，苦了众位兄弟，今天我应该以死谢罪。"王伯当连忙抱住李密，痛哭不止，所有将士无不悲痛大哭。

后来，在李密的建议下，大家一起投奔了大唐。

心存不满，反唐遭杀

李密带兵向西投奔大唐，受到了大唐使者的夹道欢迎。李密便得意地说："我带着百万大军投奔大唐，受到这样的礼遇也是应该的。比起东汉的窦融来，我决不在他之下，难道不该封我一个'台司'的职位吗？"

但是，到达长安以后，大唐却逐渐冷落李密。李密只被李渊封为光禄卿、上柱国和邢国公。此外，还常常有官员前来向李密讨要好处，他的心里便开始有些不满了。没过多久，李密主动向李渊提议，愿意亲自去关东招降旧部。李渊命他与王伯当一同前往，但只允许他带一半的旧将出关。当李密率部众来到河南灵宝时，突然反悔的李渊差人急召李密回京。

对于有人反对放自己出关之事，李密早有耳闻，因此，他见李渊急召自己回京，心中非常恐惧，生怕遭遇不测。于是，他不顾王伯当阻拦，执意杀掉来使，然后攻破灵宝城，准备再投旧将伊州刺史张善相，等待时机东山再起。但是，他行至半路就被追上来的唐兵截杀了，时年三十七岁。

▶（隋）青瓷印花钵

敞口，弧腹，平底。内底饰团花和树叶纹。施釉不到底，青中泛黄。此种钵式是隋唐时期洪州窑的典型产品。

公元581年~公元618年

//////////大隋王朝//////////

宇文化及叛朝弑君

宇文化及是隋朝重臣，出身于官宦世家，其父宇文述是隋朝鼎鼎大名的权臣。宇文化及年少时不守法度，长安人称他为"轻薄公子"。杨广为太子时，他领禁军，出入宫门内外，很受宠信。后来，反隋呼声日益高涨，宇文化及也趁乱联合隋炀帝的卫队总管，拥兵叛变，并缢杀隋炀帝。619年，宇文化及与农民起义领袖窦建德对阵，兵败被杀。

袭父祖荫，受宠于朝

宇文化及的父亲宇文述在北周时期袭爵为上柱国，并被封为濮阳郡公，后在隋朝初年被封为右卫大将军。他投在晋王杨广门下，因协助杨广夺位而得宠。杨广登基后，为表彰宇文述的功劳，把大女儿南阳公主下嫁给宇文述的三儿子宇文士及。宇文化及借着父亲和弟弟的荣光，深受隋炀帝器重。

宇文化及从小骄奢淫逸。由于他长期受统治阶级内部贪婪腐朽风气的影响，逐渐养成了贪慕虚荣、刁蛮无理的性格，因而被人们称为"轻薄公子"。杨广被立为太子以后，宇文化及从领千牛升为太子仆，后来又晋升千牛官，掌管千牛刀，负责太子杨广东宫的夜巡工作。他因在职期间贪财敛货，索贿受贿，屡次被隋文帝免职。但由于受到太子杨广的恩宠，往往在事件平息后又官复原职。然而，他非但不因此而有所收敛，反而凭借太子的庇护和父亲的权势，愈加放肆。他还倚仗他的弟弟跟皇家有姻亲而骄傲自大，目空一切。隋炀帝登基后，宇文化及又被提拔为太仆少卿。

607年，宇文述随同炀帝北上巡视。宇文化及见没有了炀帝和父亲的管束，更加无视隋朝律法，和弟弟宇文智及与突厥人进行交易。当时，隋朝的律法规定只有在政府监管下才能与国外少数民族进行贸易，而且贸易的场所也必须由政府指定，私自进行跨境或跨民族的贸易活动是按律当斩的死罪。后来，炀帝知道宇文化及兄弟进行非法贸易的事情后震怒，立刻将兄弟二人押入大牢，让他们听候处决。宇文述苦苦哀求隋炀帝网开一

◀（隋）一佛二弟子像

一组三尊。中为释迦佛，双手掌心向外，一立掌向上结施无畏印，一伸掌向下结与愿印。两侧伫立二弟子。佛身后有舟形背光，上錾刻宝相花，火焰纹图案。弟子后有头光，衣着为汉工，褒衣博带。佛立于覆钵形座上，两弟子立于花叶上，下为四足方座。

面。最后，炀帝看在宇文述的面子上，而且两家又有姻亲，就赦免了二人死罪，但为了表示惩罚，还是免去了他们的官职，并赐给宇文述作家奴。

发动兵变，起兵反隋

隋朝末期，炀帝耗巨资建宫修院，三征高句丽，五游江南，导致国库空虚，税赋加重，民怨沸腾，各地起义、暴乱不断涌现。面对动荡不安的局势，炀帝一边派兵镇压，一边下令赶制龙舟准备逃往江都避难。到了江都，生性奢靡的炀帝依旧沉迷酒色、醉生梦死。

随驾的宇文述到了江都没几天，就身染重症，一病不起。宇文述知道自己时日不多了，就奏请炀帝说："我的大儿子宇文化及曾经在太子宫服侍皇上，请皇上怜惜他。"炀帝听了也很伤心，说："人到了临死的时候，说的都是善意的真心话。我不会忘记你说的话。"

宇文述病故以后，炀帝念及前情，重新起用戴罪在家的宇文化及兄弟二人。宇文化及被封为右屯卫将军，并袭爵许国公；宇文智及被封为将作少监。617年末，起义军重重包围了洛阳城，隋朝统治面临危机。远在江都的炀帝身边护驾的士兵多数是关中人，他们远离故土，非常想念家人，发现炀帝并没有回京的打算，私下里便纷纷相约共同逃回关内。虎贲郎将司马德戡看到这种局势，料定隋朝气数已尽，便也打算率领部下回京。他和宇文化及定下周密的计划，于618年春天拥兵造反。

魏县称帝，兵败而死

宇文化及逆反后，缢杀了隋炀帝，从此，隋朝的统治彻底瓦解了。有着狼子野心的宇文化及非常想登基为帝，但他也知道直接称帝难以服众，于是力推炀帝的侄子泰王杨浩为傀儡皇帝，然后自封大丞相，独霸朝政。

618年末，宇文化及率领御林军和关中禁军十余万从彭城水路径直西行，打算返回关中。但宇文化及根本不懂得治军之道，致使三军将士怨

◀隋炀帝陵

隋大业十四年（618），隋炀帝在江都被宇文化及缢杀，初殡于江都宫流珠堂，后葬吴公台下。唐武德三年（620），唐高祖下令将其葬于雷塘。帝陵年久荒芜，后经陆续修葺，墓道和墓台得以修复。

声载道，甚至连司马德戡与赵行枢等曾经拥戴宇文化及掌权的人也逐渐不满。于是，司马德戡等人试图利用将士们的不满情绪，煽动三军反抗宇文化及，改拥司马德戡为统帅。结果由于不小心走漏了风声，司马德戡及那些谋划反抗的人被宇文化及一一除掉了。司马德戡被杀使宇文氏集团开始分裂，其势力也逐渐减弱。

宇文化及命令裴虔通守住彭城，自己则继续带兵西行。由于瓦岗军的阻挡，队伍行进到中原就不能继续前进了，大军被困在成皋到巩县一带。

当时，宇文化及主要面临王世充和瓦岗军两个劲敌。炀帝驾崩后，隋朝百官推举越王杨侗登基，改年号为"皇泰"，史称"皇泰帝"。虽然杨侗坐上了皇位，但实际掌握大权的却是王世充。王世充用高官厚爵诱使李密替自己卖命去攻打宇文化及。李密此时正腹背受敌，东边面临宇文化及的大军，西边又得提防东都隋兵的猛烈攻击。思考再三，李密决定接受官封。

同年盛夏，李密率领的瓦岗军在卫州童山重挫宇文化及大军，与此同时，瓦岗军自己也伤亡惨重。一直死守洛阳的王世充趁机突袭瓦岗军，坐收渔翁之利。

秋天，宇文化及带着仅剩两万余人的残兵败将从汲县流窜到魏县。到达魏县时，由于亲信尽

▲（隋）青瓷四系罐
肩部对称分布双泥条形系，肩部及下腹部各饰一周凸弦纹。褐黄胎，黄绿釉，另一侧施以天青色釉。

失，溃不成军，宇文氏兄弟终日借酒消愁。宇文化及明知大势已去，却仍然心有不甘，他叹息道："人总逃不过一死，难道我连一天的皇帝都当不得吗？"于是，他指使手下毒死杨浩，在魏县自立为皇帝，由于他曾经被立为许国公，所以定国号为许，改年号为天寿，并设置百官机构。

619年早春，宇文化及遭到李渊委派的淮安王李神通攻击，不得不向聊城溃退。不久，聊城被河北农民起义军首领窦建德攻破，宇文化及被活捉并被斩首示众。

窦建德是隋末著名的农民起义军领袖，贝州漳南（今河北故城）人，他为人豪爽，曾担任过里长，是乡里鼎鼎有名的大人物。后来，他目睹隋朝暴政，心中不平，遂愤而起兵。他领导的农民起义军是当时规模较大的一支反隋队伍，窦建德带领这支队伍占据了河南南部、山东西北部和河北大部分地区，建立了大夏政权，为推翻隋朝统治作出了重要贡献。

公元581年～公元618年
//////////大隋王朝//////////
农民领袖窦建德

烽火四起，揭竿反隋

窦建德家中世代务农。隋大业七年（611），隋炀帝征兵讨伐高句丽，各个郡县都选派力大勇敢的人担当小头目，威猛的窦建德被推选为二百人长。窦建德的同乡好友孙安祖不愿应征，遭到县令毒打，他杀死县令后藏匿到窦建德家中。官兵追捕甚急，窦建德便助孙安祖召集一些同样难以为继的贫民，逃到高鸡泊（今山东武城北），兴兵反隋。

郡县长官对窦建德帮助逃犯的事愤恨不已，遂将他的家人全部捕杀。愤怒的窦建德毅然率领部下投奔同样以高鸡泊为根据地的高士达义军。不久，孙安祖死于内讧，窦建德便收编了他部下的数千名将士，其队伍壮大到万人以上。窦建德是农民出身，能与士卒共甘苦，因而深受部下拥戴。

同年冬天，涿郡通守郭绚率领一万大军袭击高士达。自知谋略欠缺的高士达任命窦建德为军司马，负责指挥作战。窦建德挑选了七千名精兵悍将，然后假称与高士达结仇，诈降郭绚，然后又假意献计共剿高士达，将郭绚的人马引至长河一带。毫无戒备的郭绚部众遭到突袭后，纷纷四散

此骆驼昂首张口，短尾上翘，形体高大，驮着装满货物的皮囊，皮囊两端装饰着虎头图案。一人骑在上面，深目高鼻，身着圆领紧袖衫，左手拿着缰绳，右手高举在嘴边，像在进食。

而逃。窦建德率兵追击，歼敌几千人，获得战马一千多匹，并斩杀了遁逃的郭绚，大胜而回。

与此同时，隋朝将领杨义臣也将矛头直指高鸡泊。窦建德见隋兵锐不可当，便建议高士达不宜硬碰，而应避其锋芒，等到敌军疲于奔走的时候再乘机偷袭，定能取得全胜。但是高士达不肯采纳他的建议，只命窦建德留守高鸡泊，执意带

兵亲自迎战。后来高士达获得小小的胜利，就大摆庆功宴，逐渐不把杨义臣放在眼里了。窦建德不禁担心道："东海公（高士达自称）还没破敌就骄傲自大，恐怕祸事将近了。"

五天以后，杨义臣果然大败高士达，并将其斩杀于阵前，然后乘胜追剿窦建德。窦建德兵力甚微，只得带领一百多人且战且退。杨义臣认为高鸡泊的起义军已经被剿灭，便班师回朝了。而窦建德则借机占领了饶阳，以将军自封，然后整理残部，厚葬了高士达和阵亡将士，以振士气。窦建德向来不随便斩杀隋朝官员，有很多隋朝的郡县长吏慕名举城来降。此后，他的势力又逐渐发展起来，成为隋末农民起义军中实力较强的一支队伍。

征战中原，雄踞河北

617年春天，窦建德在乐寿建都，自封为长乐王，定号丁丑，开始设立政权机构。他率军占领了信都和清河诸郡，并在清河斩杀了隋朝将领杨善会。同年夏天，隋炀帝下令左翊卫将军、涿郡留守薛世雄带领三万大军支援东都，一路上对所遇盗贼格杀勿论。当行至河间七里井附近时，薛世雄的军队被窦建德的部队打败，薛世雄仅带领几百名骑兵向涿郡仓皇逃窜。窦建德紧追不舍，占领了河北的大部分地区。

618年，宇文化及在江都缢死隋炀帝，然后一路北上，在魏县称帝。619年，窦建德带兵袭击宇文化及，接连取得胜利。宇文化及退保聊城，窦建德率军大力攻城，最终诛杀了宇文化及。最开始，一些起义军将所俘获的隋朝官员一律杀掉，但窦建德却善待有才之士。除掉了宇文化及以后，窦建德开始重用隋朝降臣，封裴矩为尚书左仆射，崔君肃为侍中，何稠为工部尚书，柳调为左丞，虞世南为黄门侍郎，欧阳询为太常卿。其他官

员也都依据才识各有重用。

窦建德称王以后，统治秩序尚未建立。裴矩便帮助他建设朝纲，制定法纪。窦建德非常高兴，时常向裴矩请教有关问题。窦建德生活非常简朴，日常饮食都是一些粗茶淡饭，他的夫人曹氏也从不穿戴绫罗绸缎。此外，他家里的奴婢很少，在战争中俘获的几千名隋朝宫女和上万名侍卫都被他遣散还乡了。

这年秋，窦建德占领洺州，将它改作新的都城，还在那里修筑了万春宫。他鼓励洺州百姓积极恢复生产，务农养蚕，使经济有了一定的发展。

▲（隋）青瓷双系盘口壶
盘口，圆肩，鼓腹，平底，肩上对称双系。施青釉，腹斑驳。

◀（隋）青釉旋纹盖罐

腹部圆润，施青釉，有水状滴痕，造型古朴，线条流畅。

一个月后，窦建德带领十多万人马向洛阳进军，一路过关斩将，所向披靡。大军到达荥阳后，窦建德下令漕运粮草，水陆联合，在成皋东原安营扎寨，并在板渚地区修建宫宇，以示必战的决心。他一边差人知会王世充准备好接应；一边修书给李世民，要求他撤出潼关，归还掠地。

面对援军的到来，李世民下令继续围困洛阳，同时带领部分人马死守虎牢，准备截杀窦建德的军队。虎牢地势险峻，窦建德不敢贸然西行，只好暂时按兵不动。两军对峙一个多月，窦建德的一些部下见势不利，渐生归意。而此时，李世民又趁机偷袭窦建德的运粮大军，俘获将领张青特。局势越发对窦建德不利，可他偏偏不听劝阻，执意死战。

就在窦建德的部队军心涣散、毫无斗志的时候，李世民看准时机下令发起猛攻。正在举行朝会的窦建德毫无防备，阵脚大乱。在两军混战中，窦建德不幸负伤，不得不领兵撤回牛口渚，最终被唐军生擒。王世充眼见窦建德溃败，知道已无力回天，也只好开城投降了。

621年夏，四十九岁的窦建德在长安被处决。从举兵反隋到兵败河南，近十年的时间里，他领导的河北起义军为推翻隋朝统治作出巨大贡献，是中原地区坚持反抗隋朝暴政的主要力量。虽然窦建德因小农意识犯下一些不可挽回的错误，但他仍然是中国历史上著名的农民起义领导者。

争雄全国，败于秦王

就在窦建德称雄河北的时候，王世充打败李密的军队，称霸河南，并在洛阳自封为"郑帝"。与此同时，长安的李渊也建立大唐，自封为帝，并开始逐渐向东扩张，意图统一全国。620年夏天，李世民领兵攻打洛阳，占领河南的大部分地区，洛阳城被孤立。王世充数次差人向窦建德借兵增援，但窦建德都作壁上观，不予理会。

同年冬天，窦建德带兵渡过黄河，径直讨伐济阴的孟海公。621年早春，窦建德攻克山东定陶，生擒孟海公，收编了那里的部队。当时，洛阳的局势十分急迫。有人提醒窦建德，如果洛阳不保，恐怕将来河北也会遭到侵犯，于是，窦建德决定出兵援助王世充。

◎看世界／善德女王即位　　　　◎时间／632年　　　　◎关键词／新罗 首位女王

王世充，字行满，父早亡。他的祖上原本居住在西域，以"支"为姓，后迁居到陕西临潼，他的母亲改嫁霸城人王粲，所以他随继父姓王。王世充擅长巴结逢迎，曾是隋炀帝的宠臣。他在铲平杨玄感叛乱和镇压河南山东一带的农民起义中立功，威名远扬，逐渐在河南一带拥有了自己的势力范围。后来，他打垮李密，自立为帝，实力可与河北的窦建德、长安的李渊相抗衡，成为隋末三股主要割据力量之一。

公元581年～公元618年
//////////////大隋王朝//////////////
乱世枭雄王世充

隋朝旧臣，废隋称帝

王世充自幼博览群书，尤其喜爱翻看兵史，对"兵法、龟策、推步之术"颇有研究。隋文帝时期，他立下军功，被封为仪同，后又升迁为兵部员外郎。王世充口才极佳，深谙律法，年轻时就已经表现出一种霸气。

隋炀帝时期，王世充被任命为江都郡丞，兼任江都宫监。在隋炀帝游幸江都期间，王世充极尽阿谀奉承之能事，拿出大量奇珍异宝进献，还准备了豪华的行宫接驾，因此深得隋炀帝的欢心。事实上，他对隋朝将乱早有预感，因此在平时往往主动结交江湖人士，还借助释放囚犯来收买心腹。果然，不久后国家陷入内乱。他先后扫平了杨玄感叛乱和孟让逆反，共剿杀叛军一万多名，活捉十余万人，可谓战功显赫。炀帝认为他有

将帅风范，非常器重他，并在庆功宴上亲赐御酒以示对他的嘉奖。

617年冬天，炀帝命令王世充前去讨伐已经占领了兴洛仓的李密。想不到王世充出师不利，大败而归，几万隋军所剩无几。羞愧难当的王世充把自己投进大牢谢罪。但当时越王杨侗已经无将可派，便又差人把他释放出来，命他整理残部，重征洛阳。

没过多久，炀帝在江都被宇文化及缢杀。百官推举越王杨侗在洛阳称帝，王世充被封为吏部尚书，封号郑国公。杨侗登基后，与群臣商议，准备诱降李密，利用李密来打击宇文化及，然后等两军俱疲的时候坐收渔翁之利。

于是，越王杨侗封李密为太尉。王世充闻知此事十分恐惧，因为他曾与李密阵前为敌，彼此杀伤无数，担心如果李密歼灭宇文化及回朝，将对自己构成威胁。于是，他千方百计地造谣惑众，然后杀掉奉旨招降李密的使者，独霸朝政大权。没过多久，

◀（隋）武士俑
身穿铠甲，头戴圆盔，腰间束带。手中应持有长矛、利剑之类兵器，现已丢佚。

609年

◎看世界／阿拉伯哈里发统治开始　　◎时间／632年　　◎关键词／艾布·伯克

▲（隋）白瓷双腹龙柄传瓶
此器为白瓷，两瓶身相连，连接处上伸一杯式口，颈部有凹弦纹三周。釉施及于腹部弦纹以下，有冰裂纹细开片，近底部分及底部露胎。烧制白瓷所需的高岭土（瓷土）因含铁量较高，经过1300℃高温也只能烧成青瓷器，因而烧制时必须控制瓷土中的含铁量，克服铁的呈色干扰，方能制成白瓷。中国在北齐时已开始烧制白瓷，但当时烧成的白瓷普遍泛青，说明含铁量偏高，烧制温度偏低，烧制工艺还不够成熟。而这件隋代白瓷器胎、釉已完全不见白中泛青现象。

李密打垮了宇文化及，双方元气大伤。王世充则借机假托天意带领大军征讨李密。正在为击垮宇文化及而沾沾自喜的李密疏于防范，遭到王世充的突然袭击，溃败后只好带兵投奔大唐。

居功自傲的王世充野心逐渐膨胀，再加上有些道士胡言乱语，他越来越相信自己有皇帝的福相，便开始想要称王称帝了。为蛊惑人心，王世充差人四处张网捕鸟，然后把写有"王世充应为皇帝"的布条系在鸟脖子上，把鸟放飞后再派人射下，以诓骗众人。619年，王世充见时机成熟，便废掉杨侗，自立为帝，定国号为郑，把亲戚兄弟都封为王侯，盘踞洛阳与大唐对峙。

争锋天下，战败降唐

王世充自立为帝后，裴仁基等原隋朝大臣便开始商议除掉反贼王世充，再拥杨侗复位。后来事情败露，参与商议的大臣都被王世充除掉了。为免除后患，王世充又毒杀了杨侗。想不到没过多久，王世充手下的罗士信等人便纷纷倒戈，投奔了大唐李渊。

眼看着手下纷纷背弃自己，恼羞成怒的王世充杀心顿起，他下令：只要有一人叛逃，就诛灭全族；百姓每五家互保，实行连带责任制。他还把有叛逃嫌疑的人都投入大牢，就连大将带兵出

▶（隋）《董美人墓志》

全称《美人董氏墓志铭》，隋开皇十七年（597）刻，清嘉庆年间在陕西西安出土。撰文者为蜀王杨秀，董美人为其爱妃，病逝时年方十九。此墓志书法上承北魏书体，下开唐朝新风，布局平正疏朗，字体端严妍美，骨秀肌丰。

征，也要把全家人关在宫中作为人质。由于王世充一直在洛阳城内屯兵，城里的粮食很快就吃没了，每天都有成百上千的平民被活活饿死，甚至上演了人吃人的惨烈悲剧。

没过多久，秦王李世民率领大军前来讨伐，先后收降了洛阳附近的众多城池，只剩下王世充独守洛阳孤城。情急之下，王世充修书给河北窦建德，以"唇齿相依"为由请求援助。一开始，窦建德并不理睬，后来他禁不住大臣们苦谏，便决定带领人马前去援救。结果，不仅窦建德部队被李世民打得溃不成军，连窦建德本人也被俘虏。

看到窦建德被俘，绝望的王世充跟属下商量如何突围逃跑，但所有部下都低头不语。孤立无援的王世充知道回天乏术，只好举旗投降。

王世充被李世民押解到长安，李渊当面宣读他的罪状。诚惶诚恐的王世充跪地求饶："我罪该万死，但秦王承诺保我不死。"于是，李渊只好下诏把王氏全家发配到蜀地充军。

就在王世充全家整装待发的时候，羽林将军独孤修德突然前来宣诏，王世充跪听圣旨时被杀死。原来，独孤修德是假传圣旨前来报仇的。早在王世充刚刚称帝时，他杀掉的那批隋朝大臣中的独孤机，正是独孤修德的父亲。

王世充作为隋末割据势力之一，心狠手辣，杀人如麻，其残暴统治使当地百姓遭受了灭顶之灾。他最终死在仇家手里，实属咎由自取。

少年读全景中华上下五千年 4

—————— 隋唐气象 ——————

大唐盛世///中国古代最强盛的时代

公 元 6 1 8 年 ~ 公 元 9 0 7 年

>>>唐初定租庸调法：租指丁男每年交纳粟二石或稻三石；庸指丁男每年服劳役二十天；调指丁男每年交纳绢、麻等若干。

李渊，字叔德，陇西成纪（今甘肃静宁西南）人，隋末杰出的政治家、军事家，唐王朝的建立者，史称唐高祖。隋朝末年，农民起义频发，隋朝的统治遭到致命打击。在义军逐渐瓦解了杨氏政权的统治力量以后，各地方豪强贵族的力量开始渗透进农民起义军的队伍。名门望族出身的唐国公李渊也借机在太原起兵，并于618年建立了唐朝，定都长安。

公元618年～公元907年
大唐盛世
李渊长安称帝

出身将门，袭爵为官

李渊家世显赫，他的祖父李虎是北周的开国功臣，西魏八大柱国之一，主要负责统率府兵，死后被追封为唐国公。李渊的父亲李昞承袭世爵，先后被封为御史大夫和柱国大将军。

李渊的姨母就是赫赫有名的独孤皇后，正是因为跟皇室有这样一层亲属关系，出生于长安的李渊从小就沐浴着皇族恩泽。他七岁时就已经有了爵位，享受着唐国公的待遇，后来又先后任谯（今安徽亳州）、陇（今陕西陇县）、岐（今陕西凤翔）三州刺史。

隋炀帝杨广登基以后，立刻把亲表哥李渊当

成自己的心腹之臣，委以重任。炀帝先是派李渊出京担任荥阳（今河南郑州）、楼烦（今山西静乐）两郡太守，然后又调他回京，升为殿内少监，后又拜为卫尉少卿。

613年，杨玄感起兵造反，李渊奉命把守弘化郡（今甘肃庆阳），同时负责处理关右诸军事务。

615年，隋炀帝封李渊为山西河东慰抚大使，想依靠李渊的势力和威信，缓和阶级矛盾，镇压动乱，稳定民心。

617年，隋炀帝派李渊前往军事要地太原镇守。这时，李渊的势力已经非常强大了。于是，他一边奉旨公干，一边暗暗积蓄力量，不仅私自扩充了军队，还广积粮草。李渊所镇守的太原，便成了他扩充势力、称霸天下的基地。

起兵太原，击檄反隋

隋朝末年，时局动荡，农民起义军的旗帜已经插遍大江南北，黄河与江淮地区的农民义军尤为凶猛，不断地冲击着杨氏政权的统治。而此时，隋朝统治阶级内部的裂痕也越来越大。杨玄感起兵谋反以后，隋炀帝的疑心病越来越重，处死了一批他认为另有企图的臣子，致使满朝

◀唐高祖李渊像
唐高祖李渊（566～635），字叔德，陇西成纪（今甘肃秦安西北）人。李渊建唐为李世民的辉煌统治打下了坚实的政治、经济和军事基础。

621年

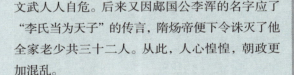

◀开元通宝

唐初沿用隋五铢，轻小滥杂。唐高祖武德四年（621），为整治混乱的币制，下令废隋钱，效仿西汉五铢钱的严格规范，开铸"开元通宝"，取代社会上遗存的五铢。唐代开元通宝的铸制与流通在我国钱币形制发展史上有着划时代的意义。

大牢里探讨了谋反的计策。刘文静仔细分析当时的局势，提出"驱驾取之"的主张，并强调必须要召集大批人马，然后趁机闯关，夺得天下，成就帝业。李世民听后非常高兴。

617年春，鹰扬府校尉刘武周兴兵叛隋，占据了汾阳宫，还自封为天子，并定国号为杨。李渊趁机以扫平叛党为借口，大肆招兵买马，同时秘密差人通知儿子李建成和李元吉聚集晋阳，准备发动兵变。

这时，太原副留守高君雅、王威发觉李渊有逆反之意，准备上奏隋炀帝。李渊见走漏风声，便诬陷高、王二人私通突厥，借机杀掉了他们，然后在太原正式兴兵反隋。

审时度势，挥师关中

公开反隋后，李渊原打算带兵直接攻入关内，但又害怕突厥趁乱袭击他的大本营太原。于是，李渊派遣刘文静为使者，带上重礼出使突厥，商议与突厥和亲停战的具体事宜。突厥可汗欣然接受了他的提议，并许诺愿意大力协助李渊夺得帝位。

当年夏天，李建成和李元吉兄弟二人从河东抵达晋阳。裴寂等人建议李渊废掉隋帝改立代王，这样才能做到师出有名，同时也能示意突厥自己有取胜的决心。李渊采纳了这个建议。

当时西河郡不肯跟随李渊谋反，李渊便命李

文武人人自危。后来又因郕国公李浑的名字应了"李氏当为天子"的传言，隋炀帝便下令诛灭了他全家老少共三十二人。从此，人心惶惶，朝政更加混乱。

与暴虐的隋炀帝比起来，李渊性格沉稳，胸怀宽广，雄才大略，待人接物不卑不亢。李渊的记忆力特别好，全国的关隘要道均熟记于心。而且李渊目光远大，很久以前就开始吩咐大儿子李建成和二儿子李世民分别在河东和晋阳招贤纳士，广交豪杰，以扩充势力。

当年，晋阳令刘文静初识李渊，便认为他志向远大，并主动示好。后来，刘文静因与李密沾亲而被连累入狱，李世民得知后前往探望，他们在

建成和李世民领军攻打西河郡，攻陷后又斩杀了郡丞高德儒。从此以后，李渊自封为大将军，并且设置了官府机构。

然后，李渊又封李建成为陇西公，并任命其为左领军大都督，负责统领左三军；封李世民为敦煌公，并任命其为右领军大都督，负责统领右三军。接下来李渊大开仓库，赈灾济穷，得到附近小股势力的支持。这些事情都安排稳妥以后，为了夺得天下，李渊决定亲自带兵进关。

617年夏，李渊举兵南下，同年冬天便攻陷长安。此次出兵神速，攻城迅猛，战绩显赫。当然，这也与瓦岗军分散了隋军的精力，并阻挡隋军后援部队的跟进有关，这使得李渊能够轻松地拿下长安。

运筹帷幄，长安称帝

李渊控制长安以后，原本可以立即登基即位，号令天下，但他经过仔细考虑以后，并没有急于称帝，而是拥立隋炀帝的孙子代王杨侑为傀儡皇帝，改年号为"义宁"，而且还把远在江都的隋炀帝封为"太上皇"。

其实，李渊的这种手段十分高明，不仅堵住了众人之口，而且还牢牢地掌握了朝权，更重要的是他用这种道貌岸然的手法收买了很多老臣的忠心。改朝换代过程中经常会遇到的非常棘手的政治问题，就这样被他一一化解了。同时，此举也为后来夺取全面胜利铺平了道路。

618年春，宇文化及在江都缢杀了隋炀帝，这一事变为李渊最后夺取政权制造了契机。同年夏

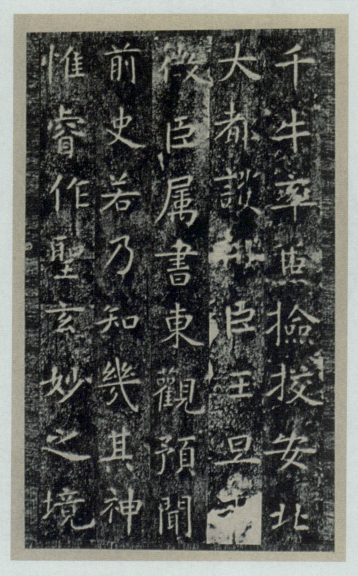

▲孔子庙堂碑

唐武德九年（626）刻。原碑已毁，碑楷书三十五行，行六十四字。拓本一册。钤"玉堂仙印"章。《孔子庙堂碑》有数种，此虞世南书最为有名，为唐碑刻中的杰出之作。

天，李渊暗中迫使杨侑让出帝位，然后自己假意推辞了几次，便欣然登基，将国号改为"唐"，改年号为"武德"，定都长安，史称唐高祖。

公元618年~公元907年
//////////大唐盛世//////////
玄武门之变

李世民是李渊的次子，性格洒脱，有勇有谋。他是隋末一位天才型的军事家，深谙兵法。自其父在太原起兵反隋以后，他就作为一个精明强干的军事统帅率领军队南征北战，北平刘武周、宋金刚，西征薛举父子，东俘窦建德、王世充，并横扫刘黑闼，在李渊逐鹿中原、夺取政权的过程中，战功显赫，罕有其匹。李渊登基后，封李世民为秦王。

少年英雄，功勋盖世

李世民自幼研习武艺，骑射俱佳。他力大无比，箭术精湛，连他所用的箭都是普通箭的两倍粗。615年，隋炀帝北巡，遭到突厥始毕可汗的攻击，被围困在雁门城内。当时正在屯卫将军云定兴手下谋事的李世民，提出虚张声势、昼引旌旗数十里、夜以擂鼓造势的疑兵计。云定兴按照他的计策部署，突厥人果然上当，退兵而去。

李渊反隋之后，李世民力主进军长安，并与大哥李建成一起带兵攻打西河郡（今山西汾阳），获得大捷，打通了通往长安的关卡。617年秋，李世民率军至河东（今山西永济西南），随即率军西渡黄河，顺利占领渭河以北地区，当地地主豪强纷纷前来投靠，数支农民起义军也来归附。同年冬，李世民便率各路军队攻下长安。

次年，李渊正式登基称帝，封李世民为秦王。为平定天下，李氏政权先后组织六次大规模战役，其中四次由李世民亲自指导，均大获全胜。

第一次是扫平陇右薛举父子的战役。618年，薛举领兵攻入关中，薛、李双方在今陕西长武展开大战。李世民首战失利，但没过多久，便在浅水原之战中反败而胜，彻底平定了陇右势力。

第二次是抗击刘武周的战役。刘武周依仗突厥的势力，挥师南下占领并州。李世民迎难而上，一举粉碎了刘军的主力，并连续两天三夜全力追剿其残余部队，取得了全胜。

第三次是与劲敌王世充和窦建德的战役。李世民先是大败王世充，然后把他围堵在洛阳城内。但是窦建德率十余万人马从唐军背后赶来，企图解救王世充。李世民果断采取措施，以弱胜

◀ "昭陵六骏"之什伐赤
"什伐"为波斯语"马"的意思。该马毛色纯赤，来自波斯，是李世民在洛阳与王世充作战时的坐骑。李世民对它的赞语是："涅洞未静，斧钺申威，朱汗骋足，青旌凯归。"

▲唐太宗《晋祠铭》

全称《晋祠之铭并序碑》，唐太宗撰文并书。碑高一百九十五厘米，宽一百二十厘米。碑额高一百〇六厘米，上刻"贞观廿年正月廿六日"飞白书九字。此碑行书二十八行，行四十四字至五十字不等。此碑书法浑然天成，笔画结实爽利，实开八大山人之行楷书先河。

强，于虎牢一役击垮援军，活捉了窦建德，王世充被迫投降。李世民在一次战役中就铲除了两股割据势力，从此名震天下。

第四次是歼灭刘黑闼的战役。窦建德被消灭后，其旧部刘黑闼以为窦建德复仇的名义在河北兴兵反唐。李世民领导唐军很快就扫平了这股势力。从此，李唐政权基本坐拥天下。

觊觎皇位，兄弟反目

李世民共有四个同母兄弟，包括大哥李建成、三弟李玄霸、四弟李元吉和五弟李智云，他们全是窦皇后所生。其中李玄霸、李智云英年早逝。李渊登基后，立李建成为太子，封李世民为秦王，李元吉为齐王。在李渊统一天下的历次征战中，秦王李世民骁勇善战，立下了赫赫战功。他文武兼济，身边还有众多的能人义士相助：文臣有房玄龄、杜如晦等十八学士，武将有尉迟敬德、秦叔宝等沙场猛将，实力非常雄厚。李渊也觉得李世民的功劳朝廷上下无人能及，于是，他特地加封李世民为"天策上将"，位列所有王公大臣之上。

与秦王比起来，太子李建成既无显赫战功，也没有过人的才智，仅仅因为李渊遵循长子继承制才被立为皇位继承人，因此，他非常担心秦王与自己争夺太子位，于是便萌生了杀机，与四弟李元吉合谋算计秦王。高祖有不少宠爱的后宫佳丽，所以李建成和李元吉经常送礼取悦那些宠妃，让她们在高祖面前诋毁李世民，使得高祖渐渐对李世民有了不满之心。

624年，庆州总管杨文干谋反，太子李建成被牵扯在内，李世民奉命前去平叛。临行前，李渊承诺等李世民平息这次叛乱以后，就改立他为太子。李世民领兵很快就铲除了叛党，可李渊却在李元吉和嫔妃们的央求下改变了心意，在李世民得胜归来后，再也不提当初的承诺。此后，李世民兄弟间的积怨更深了。后来，李建成又假意宴请李世民，并在他的酒里下了毒。李世民饮了毒酒后感觉五脏俱焚，疼痛难忍，幸好淮安王李神通及时把他送回秦王府，他才侥幸未死。这次事件后，李世民更坚定了铲除太子李建成的决心。

兵戈相见，手足残杀

626年，突厥进犯大唐，李建成向李渊推荐李元吉带兵北击突厥，并要求借用李世民麾下大将尉迟敬德和秦叔宝等人及其所有精兵。李建成和李元吉此举的目的是削减李世民的实力，下一步计划就是派人刺杀李世民。李世民得到密报，便决定先动手除掉太子，以免陷于被动。

于是，李世民上奏高祖，揭发李建成和李元吉二人扰乱宫闱，且还企图置自己于死地。李渊

◎看世界／日本颁布革新诏书　　　◎时间／646年　　　◎关键词／大化改新 逐步推进

▲玄武门之变

唐高祖武德九年(626)，太子李建成和秦王李世民的兄弟之争到了白热化的地步。李世民在玄武门射杀了李建成和齐王李元吉。随后，李渊诏立李世民为皇太子，不久李世民即位，史称唐太宗。

大怒，差人宣他们进宫面圣，想亲自查问清楚。此时，李世民事先已经部署尉迟敬德、长孙无忌及李孟尝等人在玄武门内埋伏，并收买了李建成的手下——玄武门守将。

李建成和李元吉奉诏进宫时，发现守城人马不是自己的心腹，想掉头逃回东宫，但已经迟了。李世民一马当先迎出玄武门，兄弟兵戎相见。李元吉且战且退，慌乱之中连发三箭，却因为仓促开弓力道不够，三箭均未射中目标。李世民勒紧缰绳，稳住马步，然后镇定自若地搭弓放箭，李建成应声落马，当场暴毙。紧接着，李元吉也被射中，后被尉迟敬德杀死。

东宫和齐王府的人听说玄武门之变后，冯立、薛万彻、谢叔方等人迅速带领精兵强将前来救援，却一直攻不下玄武门，于是改袭秦王府。尉迟敬德割下李建成和李元吉的首级送到秦王府示众，东宫和齐王府的人见二人身亡，立刻军心大乱，四散

逃窜。之后，尉迟敬德连忙进宫上奏说："太子和齐王企图谋反，已经被秦王剿灭了。秦王担心惊扰皇上，特地命我前来护驾。"李渊听闻此事，心下大惊。宰相萧瑀进言说："太子和齐王原本平庸无能，他们嫉贤妒能，企图谋害秦王。如今秦王已处置他们二人，秦王功勋卓著，百姓诚心归向他。如果皇上立他为太子，将国事交托给他，就不会再发生事端了。"李渊无奈，只得下诏宣告李建成和李元吉二人罪名，改立李世民为太子。

李世民终于坐上了太子宝座。同年秋天，李渊退位，李世民继承大统，改年号为"贞观"。

唐太宗登基以后，勤于政事，招揽贤才，广开言路，总结历朝历代尤其是隋朝灭亡的教训，并积极革新政治，推动经济发展，改善民族关系，为统一的多民族国家的发展作出了卓越的贡献。

公元618年～公元907年

//////////大唐盛世//////////

千古一帝唐太宗

举贤任能，纳谏如流

唐太宗有一个著名的政治观点："为政之要，唯在得人。"辅佐太宗的群臣，有的家境贫寒，如马周、戴胄、杜正伦、张玄素、刘洎、岑文本、崔仁师等；有的身世显赫，如萧瑀、陈叔达等；有的曾为敌军效力，如屈突通、李勣、秦叔宝、程知节等；有的曾经侍奉太子李建成，如魏征、韦挺等。

对于有德行、有能力的人才，太宗从不计较他们的家庭身世和过去的履历，统统招为己用。曾经侍奉东宫太子的中书舍人王珪能力出众，深得李建成器重。李建成被诛以后，太宗立刻提拔王珪为谏议大夫，并加以重用。

有一年天下大旱，太宗征求良策时，发现中郎将常何的奏章条文清晰，理论有据，感到非常惊讶。因为常何是武将出身，很难写出这样内容严谨的奏折。太宗经过详细了解才知道，原来这本奏折是常何的门客马周写的。于是，太宗立刻宣见马周，并把他安排在门下省司职，后来又将他提拔为中书令。由此可见，太宗用人，任人唯贤，不论出身，他与贤臣魏征更是成就了历史上君臣相得的一段佳话。

▶唐太宗李世民像

唐太宗李世民（599～649），唐朝第二位君王。他在位期间国泰民安，社会安定，经济繁荣发展，军事力量强大，这段时期被后人称为"贞观之治"。

魏征曾经是李建成的部下，玄武门事变后，被太宗收为己用。太宗非常信任他，把他看成是心腹重臣。魏征建议太宗要积极听取不同的政见，了解各方的心声，避免因偏听偏信而受到蒙蔽。他性情耿直，发表意见时直言不讳，就算当场惹恼了太宗，也坚持己见，毫不让步。太宗有时会对魏征的无礼感到气愤，思量之后，又往往能够接受劝谏。

〉〉〉佛教分支之一三论宗的创始人吉藏大师去世。他的著述自隋唐以来陆续流入朝鲜和日本，曾被广泛研究和翻译刻版。

◎看世界/阿拉伯舰队进攻塞浦路斯岛　　◎时间/649年　　◎关键词/穆阿维叶

▲（唐）昭陵六骏之飒露紫

昭陵是唐太宗李世民和文德皇后的合葬墓，位于陕西礼泉。墓旁祭殿两侧有庑廊，"昭陵六骏"石刻就列置其中。石刻中的"六骏"是李世民经常乘骑的六匹战马：一为飒露紫，二为拳毛騧，三为青骓，四为什伐赤，五为特勒骠，六为白蹄乌。

魏征因病辞世的时候，太宗大哭道："以铜为鉴，可以正衣冠，以史为鉴，可以知兴替，以人为鉴，可以明得失。魏征没，朕亡一镜矣！"

正是因为太宗能够识人用人，广开言路，他在位期间才避免和纠正了很多失误，在众多的封建君主中，他可以称得上是为数不多的肯悉心听取群臣意见的皇帝。正因为如此，他在位时期才会出现"贞观之治"的盛景。

贞观之治，万古流芳

唐太宗亲历了隋末的动荡，所以才能更深刻地吸取隋朝灭亡的教训。他登基以后，便着手实施了一些对国家和百姓都有利的举措。他大施仁政，不但放归了一批宫女侍卫，还减免苛捐杂税，缓和了阶级矛盾。此外，他大力提倡勤俭节约，使社会变得安定、祥和，为恢复生产、巩固政权创造了良好的条件。

太宗还大力整顿律法，严惩贪赃枉法的官吏。他不主张使用严酷的律法，认为如果朝廷能够任用廉洁的官员，他们能做到勤俭爱民，使老百姓衣食无忧，自然就不会有违法犯罪的事情发生了。当然，他对触犯国法的人也决不姑息。

在外交上，太宗一面采取措施积极抵御北部突厥人的进犯，一面主张以和为贵，提倡文教，停息武备，减少战乱。太宗稳定了边疆局势以后，大力设置属地州县，妥善安排投降军民的生活。这一时期，边境的战祸明显减少，矛盾趋于缓和，太宗因此

▲唐太宗《温泉铭》（部分）

《温泉铭》是唐太宗为骊山温泉撰写的一块行书碑文。书风激越跌宕，字势多奇掘。俞复在帖后跋云："伯施（虞世南）、信本（欧阳询）、登善（褚遂良）诸人，各出其奇，各诣其极，但以视此本，则于书法上，固当北面称臣耳。"对其评价极高。

唐朝是中国历史上最辉煌的封建王朝，而"贞观之治"期间又是我国历史上最强盛的时期之一。这一切，都与唐太宗李世民的努力紧密相连，他也因此被后人誉为千古一帝。

多才多艺，妙笔生花

唐太宗不仅在战场上攻无不克，更是一位知识渊博、学富五车的君主。他不但诗文俱佳，而且擅长书法，尤其擅长虚实相济的"飞白书"。他仔细研究揣摩了王羲之的书法技巧，总结心得体会，写出了著名的《笔法论》《指法论》和《笔意论》。

太宗早年南征北战，深谙骑射之道，因此，他非常喜欢宝马和良弓，对于宝马，更是珍爱到了极点。太宗曾经特地作了一首《咏饮马》："骏骨饮长泾，奔流洒络缨。细纹连喷聚，乱荇饶蹄萦。水光鞍上侧，马影溜中横。翻似天池里，腾波龙种生。"全诗语言晓畅，音韵和谐，节奏明快，不失为一篇佳作。

尽管唐太宗在文学方面有一定才能，但他从来都不引以为傲，而且还不允许别人整理编辑他的作品。他曾经表示："作为一国之君，最关键的是做出伟大的政绩，单单写就华丽的文章是无益于治理国家的。"

一直到了清代，才有人把他的七卷文、五篇赋、六十九首诗录入《全唐诗》和《全唐文》。后人也只能从这两部作品集中欣赏到他的一些作品，并从中领略他的文学造诣了。

被北方各族人民尊称为"天可汗"。此外，太宗还把文成公主嫁往吐蕃，由此揭开了汉藏两族友好关系的新篇章，推动了中国多民族融合的进程。

唐太宗执政期间，社会稳定，人丁兴旺，百废俱兴。他勤于朝政，积极吸取隋末农民起义的教训，颁布实施一系列惠民惠民的开明政策，不仅巩固了唐朝政权，还迅速恢复和发展了社会生产，使社会走进了一个相对稳定和谐的新阶段。这一时期，封建生产力迅猛发展，无论经济、政治、外交还是文化领域都取得了辉煌的成就，唐朝在世界上的声望也迅速提高。这段时期被史学家称为"贞观之治"。

▶（唐）四神纹铜镜

四神纹是以青龙、白虎、朱雀、玄武四种神像组成的纹饰。汉代多用作瓦当、铜镜、墓室和葬具上的装饰。两晋、南北朝至唐代初年甚为流行。该镜呈荷叶边方形，古朴大方，为唐初器物。

魏征，字玄成，是唐代著名的政治家和思想家。他历经战乱，仕途曲折，有治国安邦的才能，他对各种社会现象具有非凡的洞察力，为人爽快，直言敢谏，从不轻易屈服，因此深得唐太宗的赏识。魏征辅政多年，频频为唐太宗出谋划策，为贞观年间盛世局面的开创作出了重大贡献，因此被历代史学家称赞为"唐代第一直臣"。

公元618年~公元907年

//////////大唐盛世//////////

名臣魏征

力投明主，终辅太宗

魏征是河北巨鹿人，他的父亲魏长贤是北齐时期的屯留令，在魏征年少的时候就去世了，从此家庭衰败，他的生活变得十分贫苦。从小就喜爱读书的魏征并没有因此而自暴自弃，他依然坚持学习，用功念书，并开始对纵横学说产生了浓厚的兴趣。

到了隋朝末期，社会局势动荡不安，农民起义频发。武阳郡丞元宝藏响应李密，也举起了反隋大旗。在这期间，魏征被元宝藏招为典书记，也加入了反隋的行列。

617年秋天，李密赐封元宝藏爵位。元宝藏让魏征代写书信。李密看过后，十分欣赏魏征的文采，便请他去做元帅府文学参军，负责掌管记室。此后，魏征开始在李密手下做事。

李密率领的瓦岗军溃败以后，魏征跟随李密向唐朝投诚，但他并没有得到赏识。第二年，魏征主动要求去安抚河北，获得恩准后，他立刻飞马奔赴黎阳，劝说李密旧将徐世勣归顺唐朝。但没过多久，窦建德带兵攻陷了黎阳，魏征被生擒。

直至621年，窦建德失利以后，魏征才得以返回长安，成为太子李建成的东宫幕僚。后来，魏征见太子李建成与秦王李世民之间积怨日深，便屡次劝说李建成先下手为强，早日铲除李世民，以绝后患。但李建成却举棋不定，始终没能下定决心。

626年夏天，秦王李世民先发制人，策划了著名的玄武门之变，当场诛杀了太子李建成和齐王李元吉。魏征被擒获以后，秦王责问道："你为什么一定要让我们手足相残呢？"魏征直率地回答："如果当初太子肯听我的劝告，也不至于有今天的杀身之祸了。"李世民非常赏识魏征的耿直，不但没有降罪于他，反而封他为谏官，并时常将他召进内室，一同研讨政事。

▶魏征像

魏征（580~643），字玄成，巨鹿（今属河北）人，父母早丧，家境贫寒，但喜爱读书，不理家业，曾出家当过道士。隋大业末年，魏征被隋武阳郡（治所在今河北大名东北）丞元宝藏任为书记。元宝藏举郡归降李密后，他又被李密任为元帅府文学参军，专掌文书卷宗。

犯颜直谏，名传千秋

魏征经历多次战乱，拥有十分丰富的阅历，具备安邦定国的才能。魏征对社会现象具有非凡的洞察力，而且为人爽快刚直，从不肯轻易屈服，因此深得唐太宗的赏识。魏征很高兴遇到了知己明君，因此也竭尽所能辅佐唐太宗。他从不隐藏自己的想法，对当朝政事侃侃而谈，屡屡上谏。唐太宗曾经夸赞他说："你所提的建议，前后加起来有两百多件，如果不是你忠心为国，怎么能达到这种程度呢？"

627年，太宗提拔魏征为尚书左丞。这个时候，有人向太宗告状说魏征暗地里培植自己的亲属做官，太宗立刻命御史大夫温彦博查证这件事，最后证明此事纯属诬陷。于是，太宗差人对魏征说："以后要尽量避免嫌疑，不要再惹祸上身了。"魏征立刻回奏说："我曾听说君臣之间要互相帮助，义同一体。如果为了躲避嫌疑而不再秉公行事，那么国家未来的兴衰，就不好说了。"而且，魏征请求太宗允许自己成为良臣而不是忠臣。太宗问魏征忠臣和良臣有什么不同，魏征回答道："能让自己获得赞誉、让君主成为明君、让子孙世代相承并安享福禄的人，是良臣；而让自己招致屠杀、让君主变成暴君、让家国同丧而自己空留美名的人是忠臣。照这样看来，二者区别是很大的。"太宗点头赞赏。

629年，魏征被太宗封为郑国公。魏征向来以忠言直谏闻名，当时的宰相王珪曾在太宗面前夸赞魏征说："每以谏净为心，耻君不及尧、舜，臣不如魏征。"根据《贞观政要》记载，魏征一生向太宗当面陈谏达五十次，上疏奏章达十一件，谏言多达十余万字。他上谏频繁，言辞恳切激烈，态度坚定不移，是其他朝臣无法比拟的。

魏征敢于犯颜死谏，就算是触怒太宗，也依然据理力争，决不妥协。因此，有时候太宗也会对魏征敬畏几分。一次，有人献给太宗一只珍贵的

▲（唐）九成宫醴泉铭（宋拓）

唐贞观六年（632）刻。碑在陕西麟游县西五里天台山。楷书，二十四行，行四十九字，额篆书二行六字。拓本一册，后有嘉庆吴荣光、姚鼐、钱大昕等题记。钤"琴山审定""吴荣光印"等章。碑文魏征撰，欧阳询书，内容多为规诫唐太宗之辞。

632年

〉〉〉唐朝向位于西北方的民族黠戛斯（今叶尼塞河上游一带）派遣使者。

◀（唐）羽人瓦当
直径十三厘米，出土于青海省民和县。陶质，周边饰联珠纹，中心浮雕是有翼的羽人。羽人上身赤裸，发髻高耸，浓眉大眼，面相丰腴，双手合十于胸前。背上的双翼，为汉代以来道教遗物中所常见。

哭不止，说从此以后自己少了一面"人镜"。

作为唐朝著名的政治家，魏征刚直不屈、胆识过人，以敢于直谏闻名，他忠心辅佐太宗整治朝纲，促成了贞观之治。太宗之所以成为一代明君，得益于有魏征犯颜死谏；魏征之所以有忠贤之名，得益于太宗从谏如流。史学家也曾赞扬魏征"身行端正，上不辜负君主，下不玩弄权柄，中不举荐亲族，外不谋私朋党，不轻易退却，不因职卖忠"。这并非只是对魏征的赞美之辞，更是对他品质的褒扬和肯定，他的名字将永载史册。

▼（唐）九成宫醴泉铭内文
此为欧阳询所书，字迹清秀却又不失刚健之气，格局严整有序，堪称欧阳询之代表作。

鹞鹰，正当太宗很高兴地把鹞鹰放在自己的臂膀上把玩时，看见远处魏征正向自己走过来，便连忙把鹞鹰藏在怀里，而魏征却早已看见，于是他故意在秉奏朝事时拖延时间，最后，那只鹞鹰被活活地闷死在唐太宗的怀里。

638年，魏征发现太宗开始荒于朝政，追求享乐，便立刻进奏了著名的《十渐不克终疏》，详细列出太宗从即位到现在，在对待朝政态度上的十个转变。同时还向太宗提出了"十思"，即"见可欲则思知足以自戒，将有作则思知止以安人，念高危则思谦冲而自牧，惧满溢则思江海下百川，乐盘游则思三驱以为度，忧懈怠则思慎始而敬终，虑壅蔽则思虚心以纳下，想谗邪则思正身以黜恶，恩所加则思无因喜以谬赏，罚所及则思无因怒而滥刑"。太宗看奏章后非常羞愧。

642年，魏征一病不起。由于他一生清廉节俭，家中没有正寝，太宗知道后立刻命人给魏征修建住所。次年正月，魏征在家中去世。太宗前去奔丧，并大

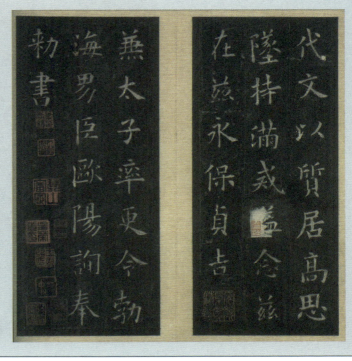

公元618年~公元907年
//////////////////////
大唐盛世//////////////////////

贞观良相房玄龄

房玄龄，字乔松，齐州临淄人，唐代著名的政治家，追随、辅佐唐太宗三十余年，一直恪尽职守，忠心为国，是开创贞观之治的大功臣。李世民称赞他有"筹谋帷幄，定社稷之功"。唐人柳芳也曾叹道："房玄龄佐太宗定天下，及终相位，凡三十二年，天下号为贤相。"后世史学家在评论唐代宰相时，无不首推房玄龄。

博古通今，辅佐秦王

房玄龄出身于书香门第，其曾祖父和祖父分别在北魏、北齐担任官职，父亲房彦谦是著名学者，结交了王邵、李纲、柳彧等一批文人雅士。房彦谦在地方上任职时，清正廉洁，体恤百姓，被当地百姓亲切地称为"慈父"。

房玄龄从小聪明伶俐，喜欢读书，擅长写作。596年，刚刚十八岁的房玄龄被本州官府举荐为进士，被授予"羽骑尉"一职，在秘书省任校雠。当时吏部侍郎高孝基以善于发掘人才著称，他见房玄龄的言行举止超凡脱俗，便对裴矩说此人将来必成大器。

后来，房玄龄补任隰城（今山西汾阳）尉。由于隰城靠近太原，房玄龄被牵扯进汉王杨谅逆反的事情，遭到降职。降职后他被调任到了上郡（今陕西富平）。

隋朝末年局势动荡，中原地区农民起义频发，杨氏政权苟延残喘。处在这样的大环境下，房玄龄立志救国救民。617年，李渊带兵进攻长安，秦王李世民在渭北兴兵。房玄龄审时度势，决定投奔秦王门下。李世民初见房玄龄时就有一种相见恨晚的感觉，立刻晋封房玄龄为渭北行军记室参军。李世民非常欣赏房玄龄的忠心和能力，把他视为亲信。房玄龄也清楚，李世民是一个难得的与自己意气相投的主公，于是一心跟随他南征北战，倾尽全力辅佐他。

房玄龄特别注重招纳人才，每次攻入敌军城池，其他人都直奔金银财宝，只有房玄龄先访名士，然后把他们请到自己的府中，只要发现谋略胆识过人的有识之士，便与其结交，并慢慢说服他们为李世民效力。打败王世充以后，房玄龄发现张亮气度不凡，谋略出众，便把他引荐给李世民，李世民遂封张亮为秦王府车骑将军。此

◀房玄龄像

房玄龄（579~648），唐初名相。贞观年间，房玄龄辅佐唐太宗李世民选贤任能，审定法律，治理天下，深得唐太宗赏识。

640年

外，房玄龄还先后为李世民招揽了才思机敏的薛收、可倚大事的李大亮、学识渊博的杜如晦等，这些人后来都得到李世民的器重，官至卿相。一时间，良将贤臣齐聚秦王府，秦王李世民的实力更加壮大了。李世民曾经非常感激地说："汉光武得到一个邓禹，从此就门人兴旺。如今我得到房玄龄，就如同得到邓禹一样。"

621年，因李世民战功显赫，唐高祖李渊把从关东前线凯旋的李世民封为天策上将，位居所有诸侯之上，还特别准许他设置天策府广招豪杰，共同研讨军事谋略。此外，李世民又下令设置文学馆，广纳天下奇才，房玄龄、杜如晦等十八人被请到馆中畅谈学术时政，号称"十八学士"。李世民还请来著名画家阎立本亲自为这十八学士画像，并由文学家褚亮撰写赞文。李世民对这些学士十分器重，因此民间有"十八学士登瀛洲"的说法。此时，秦王府内谋士贤臣、骁勇战将济济一堂，这与房玄龄的功劳密不可分。

房玄龄效力秦王府的近十年中，先是被授予秦王府记室，封临淄侯；然后又兼任陕东道大行台考功郎中；文学馆开设以后，他又被加授为"文学馆学士"。房玄龄常典管记，每有军书奏报，他都有条有理地仔细记录，一气呵成，连初稿都不用写。

房玄龄的才能也时常受到唐高祖的

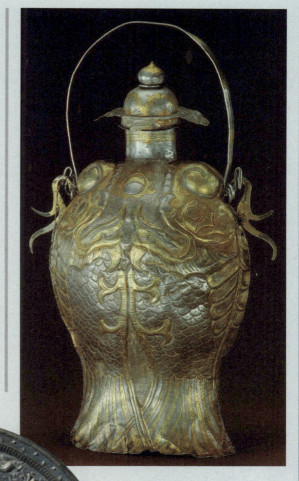

▲（唐）双鱼纹提梁银壶

出土于赤峰市喀喇沁旗。壶身做两鱼相抱状，鱼嘴部位是壶口，原为实用器，造型奇特，工艺精湛，是不可多得的艺术品。此壶亦可称羯壶，造型渗入了印度文化的因素。

◀（唐）天马铜镜

圆形。正面平整光滑，背面中心有一半圆形纽，装饰有高浮雕天马和动物图案以及花卉纹和乳钉纹带。镜的直径超过二十厘米，由此可以推断是文献所记载的宝镜。

夸赞。高祖执政后期，太子李建成跟秦王李世民为夺取皇位继承权，矛盾开始激化，从之前的暗地较量转变成了公开争夺，双方到了水火不容的境地。洞察力极强的房玄龄大力支持李世民用武力解决问题，并建议李世民先下手为强。626年夏天，秦王李世民果断采取行动，发动了玄武门之变，一鼓作气，歼灭了太子李建成和齐王李元吉。

贞观名相，制定政令

李世民登基以后，房玄龄和杜如晦的功勋不分伯仲。629年，杜如晦升任尚书右仆射，房玄龄升任尚书左仆射，二人齐心合力，分工协作，共同辅佐朝政。很多朝廷大事都是由二人共同商定然后上报太宗的。每次唐太宗跟房玄龄谋划政事的时候，房玄龄都会说："这件事只有杜如晦才能决断。"待到杜如晦来了以后，房玄龄策划，杜如晦裁度，国家要事从来都没有耽误过。

遗憾的是，贞观四年（630），杜如晦就病逝了。太宗非常悲痛，连续三天不上朝，以示追忆和哀悼。

房玄龄非常擅长制定典制法度。唐朝初立，天下刚刚稳定，朝规政令十分不完善。唐太宗登基以后，便下令房玄龄和长孙无忌共同修订律法。于是，房玄龄在修订律法上下了一番工夫，在审定法令的时候，基本上以宽容平等为原则。

房玄龄荣升统管行政的第一宰相后，在朝理政长达二十余年。其间，房玄龄数次萌生退意，但都被太宗挽留下来。642年，房玄龄想卸任归田，太宗说："我不能放你走，一个国家突然失去忠良的宰相，就像一个人突然失去双手。如果你还有一些精力，就不要这样离开。等到确实感觉自己难以胜任宰相一职时再走不迟。"

房玄龄年老的时候身体虚弱，太宗看到他拖着病体还尽心操持国事，几次感动得热泪盈眶。于是，太宗特别准许房玄龄在家卧床理政，只要知道他身体稍有起色，便差人用轿子把他抬入宫中。后来，每当房玄龄病情好转，太宗就会立刻笑逐颜开；而一旦他病情稍微恶化，太宗则会忧心忡忡。

房玄龄辞世前做的最后的一件事，就是让儿子帮他草拟一封劝诫太宗不要贸然征高句丽的奏折。太宗看完奏章后大受感动，随后亲临房玄龄府上探望他。

房玄龄一生专心辅弼唐太宗治理国家，兢兢业业，尽本分，举贤良，使唐朝法令渐趋完善，政局逐渐稳定，不愧是一代良相。

◀（唐）鎏金鸳鸯团花纹双耳银盆

出土于陕西省扶风县法门寺塔地宫。碗口径四十六厘米，四曲花瓣口，表面錾细部花纹，花纹上施以鎏金。盆壁作四瓣莲花式，每个花瓣上刻有阔叶石榴组成的团花，团花内为鸳鸯立于仰莲之上，两两成双。团花间饰流云和阔叶纹。四周饰鱼子纹地，形成浮雕效果。盆外两侧各饰一兽面衔环铺首，环上套弓形提耳。盆地錾"浙西"二字，应是浙西地方官吏献给皇家的贡品。

唐太宗身边有两位能干的宰相，一位是擅长谋划的尚书左仆射房玄龄，另一位是擅长决断的尚书右仆射杜如晦，世人把他们二人并称为"房谋杜断"。唐朝建立之初，很多典章制度都是由他们二人共同制定的。尤其是身为秦王府文学馆"十八学士"之首的杜如晦，更是为唐朝的稳定和发展作出了不小的贡献。

世家之后，追随秦王

杜如晦是京兆杜陵人，字克明。他的祖父杜果是隋朝的工部尚书，父亲杜咤是隋朝的昌州长史。杜如晦从小聪颖机智，喜欢谈经论史。隋炀帝时期，杜如晦成为候补官员，但只补任了一个滏阳尉的小官，没过多久，杜如晦就辞官返乡了。

618年，杜如晦被秦王李世民授予秦王府兵曹参军一职。当时太子李建成见秦王府内人才济济，不禁忧心忡忡，便借朝廷的名义把李世民府中的文官武将陆续调离京城。房玄龄对李世民说："府中的幕僚走得再多，也不可惜。但杜如晦博闻强识，是一个辅政之才。秦王如果只想守住自己的封地，杜如晦没有什么用处，假如还想治理天下，就绝对不能少了这个人的辅弼！"李世民听了以后连忙把已经出京

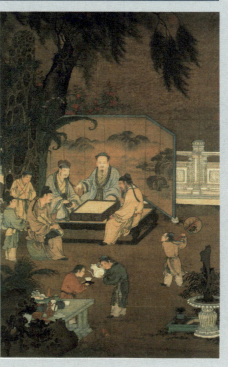

▲后人绘《十八学士图》（局部）

李世民曾命阎立本为房玄龄、杜如晦等"天策府十八学士"画像，最终作成《十八学士图》。后世也多有以此为题材的力作。

公元618年~公元907年
//////////大唐盛世//////////
杜如晦能谋善断

的杜如晦调回秦王府。此后，杜如晦逐渐成为秦王府智囊团中的骨干力量。

618年秋天，兵力强盛的薛举见唐朝政权根基尚浅，便举兵进犯。唐高祖命李世民带军征伐，杜如晦随军出征。几经鏖战，唐军完全掌控了西北地区的局势。后来，高祖封李世民为使持节、陕东道大行台，并提拔杜如晦为大行台司勋郎中，还封他为建平县男，赐食邑三百户。在李世民率兵讨伐刘武周、宋金刚、王世充等武装力量的过程中，杜如晦都随军征战，运筹帷幄。他判断精准，是李世民手下最得力的谋士。621年秋天，李世民为了招揽人才，特设文学馆，并选拔了十八位饱读史书、谋略过人的学士，杜如晦就是其中之一。

随着唐朝政权的稳定和发展，皇太子李建成和秦王李世民为争夺储位开始展开较量。为李世民出谋划策的杜如晦和房玄龄主张抢占先机，利用政变来铲除李建成和李元吉。与此同时，李建成和李元吉也在紧张谋划，企图瓦解秦王府中的幕僚势力。他们久闻秦王府中的杜如晦和房玄龄足智多谋，便上奏高祖说房、杜二人图谋不轨。于是，高祖便下令将房、杜二人逐出秦王府，并禁止李世民接触二人。

李世民拿定主意准备彻底铲除李建成和李元吉，便派尉迟敬德召房玄龄和杜如晦两人秘密入府商定大计。杜如晦为了掩人耳目，在长孙无忌的掩护下，假扮成道士进入秦王府。经过精心筹划，626年夏天，李世民带领一班心腹发动了玄武门之变，射杀了李建成和李元吉，铲除了政敌。李世民被立为太子以后，立刻提拔杜如晦为太子左庶子。

▲（唐）鎏金鸿雁球路纹提梁银笼

直口，深腹，平底，有提梁及盖，盖作穹顶，口沿下折与笼体扣合。器身纹饰同上，錾飞鸿二十四，分列三层，交错排列，两两相对，姿态各异。两侧口沿下铆接环耳，耳座作四瓣小团花，环耳上套置一提梁，梁上套有银链与盖钮相连。足呈三花组合式与笼底边沿铆接。此器工艺精湛，纹饰瑰丽，极富情趣，反映了唐代高超的工艺水平。

同年秋天，唐高祖让出皇位，李世民坐上了龙椅。多年来，杜如晦一直忠心耿耿地追随李世民左右，出谋划策，特别是在协助李世民夺取皇位的过程中立下大功。所以，杜如晦后来又被提拔为兵部尚书，封蔡国公，食邑一千三百户。

政务繁忙，鞠躬尽瘁

628年，杜如晦以检校侍中之职兼任吏部尚书，总管东宫兵马。杜如晦拜相以后，跟房玄龄一起制定了宫殿楼阁的规制和朝廷上的礼法制度，为后来唐朝修订各类规章法制提供了借鉴，也为贞观之治打下了基础。

唐太宗即位之初勤于政事，先后出台了一系列政策措施。杜如晦在这一期间发挥了无可替代的作用，他不但参与商定所有的国家要事，还辅佐太宗制定朝章礼法、选派官员、确立法律等。当时，太宗汲取杨隋政权覆灭的历史教训，主动采取了一些惠民利民的政策，使社会生产得到恢复和发展，国内政局逐渐稳定。唐朝进入了历史上著名的"贞观之治"时期。

630年，杜如晦病危，太宗亲自到府上探视，拉着他的手不断流泪。太宗破例提升他的儿子杜构为尚舍奉御。没过多久，杜如晦安然辞世，享年四十六岁。太宗悲痛欲绝，追赠杜如晦为司空，追封莱国公，赐谥号为成，并亲发手谕令虞世南为其篆刻碑文。

杜如晦去世后，有一次，太宗在品尝瓜果的时候突然想起他，立刻泪如雨下，于是命人把自己吃了一半的瓜果送到杜如晦的牌位前，此后还时常命人把宫中的饮食送去祭奠这位儒臣。每逢杜如晦的忌日，太宗都会派人到杜府慰问杜如晦的夫人和儿子，并一直保留其府上的僚佐职位。

史载杜如晦做宰相时，和房玄龄一起辅佐朝政。太宗每次商讨要事时，房玄龄都说须由杜如晦决断，而杜如晦也很重视房玄龄的建议。当时世人都说杜如晦擅长决断，房玄龄擅长谋划，两个人合作密切，共同辅弼太宗，"房谋杜断"成为历史上广为流传的一段佳话。

651年

〉〉〉唐高宗颁行《永徽律》。

尉迟敬德，复姓尉迟，名恭，字敬德，唐朝大将，朔州鄯阳（今山西朔州）人，凌烟阁二十四功臣之一。隋末曾在朝廷任职，后投到李世民门下。他武艺超群，英勇善战。在玄武门之变中，李世民在与李元吉的角逐中不慎落马，幸亏尉迟敬德及时赶到，射杀李元吉，才得以扭转乾坤。尉迟敬德数次救李世民于危难之中，始终忠心耿耿，深受李世民的信任。

公元618年～公元907年
//////////////大唐盛世//////////////
尉迟敬德英勇救主

攻占晋阳，然后向南争雄天下。于是，619年春天，刘武周倚仗突厥的强大势力发兵南攻，尉迟敬德也一路随行。

在初次与唐军对阵告捷后，尉迟敬德立刻撤兵回浍州。李世民得知此事，便立即命兵部尚书殷开山和总管秦叔宝等埋伏在美良川截杀尉迟敬德的人马。丝毫没有防范的尉迟敬德中了埋伏，痛失一千多名士兵，惨败而回。

没过多久，为了解救被唐军牵制住的宋金刚，尉迟敬德带领精锐骑兵悄悄向蒲坂挺进。李世民闻讯后，亲自带领三千名步骑兵深夜抄近路赶到安邑埋伏起来，然后等待时机截杀尉迟敬德的骑兵。结果，尉迟敬德再一次中伏惨败。

从军反隋，投效大唐

隋炀帝执政末期，尉迟敬德正在高阳服兵役。当时各地农民起义风起云涌，尉迟敬德数次随军镇压起义，因在战斗中勇猛无敌而被朝廷任命为朝散大夫。

617年早春，马邑鹰扬府校尉刘武周杀掉马邑太守王仁恭，公开兴兵反隋，并向突厥派遣使者表示归顺。随后，刘武周自立为帝，定年号为天兴，逐渐发展成为北方地区的一大势力。刘武周听说尉迟敬德英勇无敌，便想方设法把他拉拢过来，让他在自己的手下做偏将。

李渊建立了唐政权以后，刘武周手下大将宋金刚提议先

勇猛无敌，奋力救主

620年春天，经过五个月的艰苦对峙，宋金刚的部队终于因为粮草不足而不得不撤军。李世民带领大军一路穷追不舍，将其击溃。宋金刚带领仅存的两万名兵卒退守介休，李世民日夜兼程追至介休。宋金刚出西门迎战，就战败落荒而逃。尉迟敬德整理残余兵

◀（唐）彩绘胡人俑

新疆吐鲁番阿斯塔那古墓出土。

▲（唐）白釉贴花纹罐
质地为瓷。此罐造型周正，古朴大方，贴塑树叶纹，釉色洁白，施釉不及底。

力，继续死守介休。李世民得知尉迟敬德神勇无比，便差遣部下前去说服他归降。随后，识时务的尉迟敬德同意归顺唐朝，并献上了介休和永安两座城池。李世民得知尉迟敬德归降，大喜，立刻将他封为右一府统军，并让他继续统率旧将。唐军将士见李世民如此相信尉迟敬德，纷纷产生抵触情绪，其中行军元帅长史屈突通担心尉迟敬德怀有二心，便屡次劝谏李世民除掉尉迟敬德，但均被驳回。

同年盛夏，李世民领兵打猎，至魏宣武帝陵附近时，突遭王世充带领的兵卒伏击。王世充麾下大将单雄信手持长矛策马直取李世民。千钧一发之际，尉迟敬德大喝一声挺身而出，把单雄信挑落马下。王世充的人马被震慑得稍稍后退，尉迟敬德则趁势保护李世民冲出包围圈。然后，尉迟敬德又带领骑兵杀了一个回马枪，在王世充的军阵中奋力搏杀。后来，屈突通带领主力部队赶来援助，尉迟敬德越战越勇，共歼敌千余人，生擒对方领兵大将军陈智略，王世充则趁乱侥幸逃脱。经过这次大战，李世民对尉迟敬德更加信

赖。他对尉迟敬德说："当大家都说你会背叛我的时候，冥冥之中我听随天意，没有相信他们的话，想不到这么快就得到了善报！"此后，他们君臣的关系变得越发亲密。

开国功臣，安享晚年

唐朝统一天下后，北方突厥经常侵扰边境。在抗击突厥的过程中，尉迟敬德屡建奇功。621年，突厥进犯，尉迟敬德领命抗敌，大胜而归；623年夏天，突厥对原州发动进攻，同年冬又开始袭击朔州，右武侯大将军李高迁被突厥打败，尉迟敬德又奉旨领兵增援；624年夏天，突厥进犯陇州，时任护军一职的尉迟敬德再次奉旨抗击突厥。

李世民登基后，为表彰尉迟敬德，特封他为吴国公。同年秋，太宗将在玄武门之变中建立功勋的尉迟敬德和长孙无忌封为首功之臣，各赏给一万匹绢；为嘉奖尉迟敬德英勇救主，还赏赐他齐王府的所有财物和整个府邸。后来还封他为右武侯大将军。

尉迟敬德生性直率，但有些恃功矜能，每每遇见房玄龄、杜如晦、长孙无忌等人，常对他们冷嘲热讽，甚至有时在朝堂上也会恶语相向，致使他与那些宰相的关系日趋紧张。后来，尉迟敬德被调离京师担任地方官。

643年早春，尉迟敬德奏请卸甲归田，颐养天年。658年冬天，七十四岁的尉迟敬德在家中与世长辞，唐高宗追封他为司徒，并特许他陪葬于昭陵。尉迟敬德戎马一生，建功无数。自跟随李世民以后，他凭着过人的武艺，几次冒死救主，可谓功勋卓著。特别是在玄武门之变中，尉迟敬德不但射杀了齐王李元吉，还主动请求唐高祖将李建成和李元吉的旧部交给李世民统领，成就了秦王李世民的大业。

〉〉〉唐长安慈恩寺大雁塔始建。大雁塔至今仍是古城西安的标志性建筑，也是闻名中外的名胜古迹。

◎看世界／阿拉伯攻取迦太基　　　◎时间／689年　　　◎关键词／拜占庭 北非据点

公元618年～公元907年

/////////////大唐盛世/////////////

传奇猛将程咬金

程咬金，字义贞，后更名知节，济州东阿人，唐初名将，凌烟阁二十四功臣之一。程咬金出身于官宦世家，祖父程哲是北齐晋州司马，父亲程娄是北齐济州大中正。隋末天下大乱，程咬金先是投奔瓦岗寨，后归降李世民，随其转战南北，功绩斐然。由于程咬金善于伏击，因此民间有"半路杀出个程咬金"的说法。

保护乡民，投奔瓦岗

隋朝统治末期，全国农民起义军有一百多股，每股义军人数从几百到几万不等，大多规模不大，而且也没有相对明确的政治目标，几乎都是打游击战，到处抢劫钱财。为了防范起义军的掠夺，程咬金特地组织乡里有地位、有势力的人共同保护家园。

617年前后，国内的义军势力已逐渐整合成三股比较强大的力量，即瓦岗军、河北义军和江淮义军。相比之下，程咬金组织的那种民间地方保护组织力量就显得十分微弱了。于是，程咬金毅然选择投奔瓦岗军。

618年秋，隋朝洛阳守将王世充精选兵卒战马，在通济渠南安营扎寨，并在通济渠上修建三座桥梁，准备全力攻打瓦岗寨。与此同时，瓦岗寨首领李密也部署人马在邙山南麓摆开阵势，程咬金奉命统率内马军，跟随李密在北邙山上驻扎，单雄信则带领外马军在偃师城北驻营。

王世充率军抵达以后，立刻号令几百名骑兵袭击单雄信。李密命程咬金和裴行俨赶去增援。最先冲入敌军的裴行俨被流箭射中落马，程

咬金连续斩杀数名敌兵前去搭救。敌军见状，大惊之下纷纷退避，程咬金趁机把裴行俨抱在马上掉头回撤。但载着两个人的战马不堪重负，很快就被追兵赶上了。程咬金不忍心抛弃裴行俨，奋力搏击，被一杆长矛刺中。程咬金反手折断那杆长矛，击毙刺伤他的敌兵。敌军受到震慑，不敢再继续追杀，二人这才得以抽身回营。由于李密指挥失误，这场战役使瓦岗军元气大伤，而后李密只好选择归降李唐政权，名震一时的瓦岗寨农民起义以失败告终。

瓦岗军溃败以后，山穷水尽的程咬金等部分瓦岗将领被迫投靠王世充。王世充十分赏识程咬金，并对他礼遇有加，程咬金却对狡诈的王世充颇有微词。秦叔宝亦深有同感，于是二人准备离开王世充。

归唐为将，屡立战功

619年早春，王世充统领大军侵犯唐朝的谷州，程咬金被封为将军，秦叔宝被封为龙骧大将军。两军在九曲决战时，程咬金、秦叔宝、吴黑闼、牛进达等人领兵出战，程、秦二人带领几十名心腹往西面疾驰了一百多步以后勒紧缰绳，对王世充说："承蒙您盛情款待，虽然我们很想报答您的恩情，但您疑心太重，蛊惑兵卒，这里不是我们能够托身之处，现在特向您辞别。"随后，众人上马投靠了大唐。王世充惧怕程、秦二人的勇猛，没敢下令追击。

程、秦等人归顺唐朝后，被分配在秦王李世民手下。后来，程咬金担任秦王府左三统军，秦叔宝为马军总管。李世民效仿李密，从全军中

精选出一千多名骑兵，分为左右两队均身穿黑色衣服，披挂黑色盔甲，称为"玄甲队"，分与程咬金、秦叔宝等大将率领。每逢与敌军阵前作战，李世民都亲自披挂黑甲，带领玄甲队充当前锋部队，势如破竹，令敌军闻风丧胆。从这以后，程咬金便一直追随在李世民左右。唐太宗李世民登基以后，加封群臣，程咬金被赐予食邑七百户。643年春天，唐太宗将程咬金列为凌烟阁建唐功臣。同年，程咬金被任命为左屯卫大将军，检校北门屯兵事宜，并被加封为镇军大将军。

讨伐突厥，善终于家

656年，被封为葱山道行军大总管的程咬金奉命征讨西突厥，在袭击西突厥歌逻、处月两个部落的过程中，共剿灭敌军一千多人。同年冬，程咬金带兵行至鹰娑川一带，与突厥四万大军短兵相接。程咬金的前军总管苏定方带领五百骑兵冲锋陷阵，大败西突厥，并一路追击歼敌一千五百余人，收缴战马和兵器等不计其数。

665年，程咬金在家中辞世。唐高宗追封他为骠骑大将军，并特许其陪葬昭陵。身为开国功臣的程咬金为唐朝的建立和统一立下了汗马功劳。

▲（唐）鎏金舞马衔杯纹银壶

1970年陕西西安南郊何家村唐代窖藏出土。这件仿皮囊形银壶，器腹两面均锤出一马衔杯纹，马颈系飘带，昂首扬尾，似做舞状。纹饰鎏金。形制优美，图案别致，制作精工。圈足内有墨书"十三两半"。

〉〉〉唐颁行《新修本草》。《新修本草》是世界上第一部官修药典，系统地总结了唐代以前本草学的成就。

◎看世界／阿拉伯将领建突尼斯城　　　　◎时间／698年　　　　关键词／哈萨尼

薛仁贵，名礼，字仁贵，河东道绛州人，唐初名将，著名军事家、政治家。他的祖上薛安都是南北朝时期的一员骁将，可是薛家到唐时已经家道中落了。薛仁贵自幼就文武兼修，胆识超人，参军后更是创造了"良策息干戈""三箭定天山""神勇收辽东"等军事史上的奇迹，被后人传为佳话。

公元618年～公元907年
大唐盛世
薛仁贵三箭定天山

武艺超群，一鸣惊人

薛仁贵幼时家境贫寒，父亲早丧。成年后他以种田为业，并娶柳氏为妻，三十岁时才在妻子的鼓励下参军入伍。645年初，唐太宗派兵远征高句丽。在辽东安地，高句丽军包围了唐朝将领刘君邛。千钧一发之际，薛仁贵一马当先，直奔敌营，勇杀高句丽大军，并砍下高句丽将领的头颅拴在马上。敌兵见状心惊胆战，纷纷四散撤退。这样，刘君邛才得以脱险。此后，薛仁贵威名远扬。

随后，唐军连连取得大捷。到了夏天，高句丽大将高延寿和高惠真奉命带领二十余万大军抗击唐军。太宗下令各路人马分头作战。在这场战役中，薛仁贵身着白衣银甲，领兵冲进敌军阵营，左突右冲，打乱敌军阵脚。高延寿和高惠真数次号令重整队伍，但又数次被薛仁贵冲得支离破碎。最后，唐军大胜高句丽军。

两军作战时，观战的李世民注意到了勇敢的白袍猛将薛仁贵。战事一结束，李世民立刻传见薛仁贵，并擢升他为游击将军。

后来，唐军在安市城受阻。当时正值冬季，粮草军需供应困难，太宗便下令班师回朝。回到京师后，薛仁贵被提拔为右领军中郎将。

但是，此后十二年，薛仁贵并没有得到重用，只是被派往玄武门执守。

654年，唐高宗李治巡幸万年宫。一天晚上，大雨突降，引起山洪泛滥，洪水涌到玄武门。薛仁贵冒着生命危险向皇宫的方向疾呼示警，唐高宗才得以早做准备，躲过一劫。因此，唐高宗赐予他很多财物以示嘉奖。

勇猛无敌，屡建战功

658年，程名振奉命远征高句丽，薛仁贵作为副将随行。期间，薛仁贵数次击败高句丽军队，杀敌无数。659年，薛仁贵在横山与高句丽将领温沙门展开大战，薛仁贵手握强弓，一马当先，杀入敌营，被射的人非死即伤。后来，薛仁贵在石城遇到高句丽一员射技精湛的猛将，之前已有不少唐朝将士惨死在他的弓箭之下。薛仁贵杀入敌营，开弓放箭。那员大将受伤坠马，被薛仁贵活捉回来。薛仁贵后又因在战役中立功而被擢升为左武卫将军。

661年，回纥首领比粟转与唐为敌。唐高宗命主将郑仁泰和副将薛仁贵领军反击。大军出征前，唐高宗对薛仁贵说："古代有善于射箭的人，能穿透七层铠甲，你射五层看看。"薛仁贵听令后随即摆开架势，开弓放箭，箭随弦声呼啸而去，五甲已然洞穿。唐高宗非常惊讶，连忙下令重赏薛仁贵。

郑仁泰和薛仁贵带领人马抵达天山后，遇到九姓铁勒十多万大军的抵抗，另有几十名善战骑兵前来挑衅。薛仁贵在阵前连续射出三箭，三名挑战的骑兵应声倒地，其他挑战者受到震慑，纷纷下马投降。薛仁贵趁势反攻，力挫九姓铁勒并坑杀降卒。然后，薛仁贵继续勇追穷寇，活捉铁勒大军将领。薛仁贵凯旋后，唐军中到处传唱："将军三箭定天山，壮士长歌入汉关。"此后，九姓铁勒势力逐渐衰落，再也没有能力进犯唐朝边境了。

666年，高句丽国内发生动乱，高句丽执政者差人到唐朝求援。高宗下令薛仁贵和李勣兵分两路攻打高句丽。经过一番鏖战，唐军成功收服高句丽。战争结束后，

▼唐军大战高句丽军

薛仁贵奉命以安东都护的身份带领两万兵力驻守平壤。此后，薛仁贵大力安抚民心，整顿治安，发展生产，任用贤良，使高句丽百姓过上了稳定的生活。

没过多久，高句丽国内有人兴兵反唐，高宗下令薛仁贵带领重兵平定叛乱。薛仁贵晚年时，吐蕃势力向北扩张，突厥也开始进犯唐朝。于是，高宗命薛仁贵带兵平定边疆。突厥听说带军将领是薛仁贵，立刻仓皇撤退。薛仁贵紧追不舍，大败突厥。

683年，七十岁的薛仁贵辞世。他为唐初安定边境建立了不朽功勋，但他曾纵容兵卒抢劫掠夺，又坑杀降卒，这些事被后人诟病。

〉〉〉吐谷浑被吐蕃攻破，其可汗诺曷钵率众投奔唐朝，居于凉州（今甘肃武威）。

◎看世界／日本《大宝律令》完成　　◎时间／701年　　◎关键词／大化改新 法律认定

公元618年～公元907年

//////////// 大唐盛世 ////////////

唐高宗懦弱失权

唐高宗李治，字为善，是唐太宗李世民的第九子，为长孙皇后和李世民所生。李治心地善良，宅心仁厚，但性格怯懦，才能有限。他在位前期，政事交由长孙无忌、褚遂良处理，后期则宠信皇后武氏，使得大权旁落，武周取代李唐，这一点也是他一直为后世史家所诟病的地方。

生性懦弱，被扶为君

长孙皇后共育有三子，长子和次子都曾经被立为太子，但后来都因种种原因被废掉了。太宗认为李治天性柔弱，恐怕难以守住天下，本来打算另立他人，但在长孙无忌的劝说下，还是立了李治为太子，当时李治刚好十七岁。

李治成为皇太子以后，太宗就开始悉心培养他。曾经在战场上骁勇无比的太宗最先传授给李

▼乾陵

乾陵是中国乃至世界上独一无二的一座两朝帝王（一对夫妻皇帝）合葬陵，是唐代帝王"因山为陵"葬制的典范。神道两侧矗立有石翁仲（陵墓前石雕的人像）。

治的是骑射功夫。但是李治身体羸弱，对这些打打杀杀的技能一点都不感兴趣。于是，太宗便让他跟随太师、太傅学习文治。除此之外，每次上朝时，太宗都让李治陪坐在一侧，希望他耳濡目染，能学到一些治理天下的经验。

太宗远征辽东时，太子李治奉命留守代理政务。远征辽东失败以后，太宗回到京师忽然一病不起，李治陪伴在病床左右尽孝，太宗大受感动。

649年，太宗病重，他临死前召集太尉长孙无忌、中书令褚遂良和太子李治嘱托后事。随后，李治继承大统，于650年改年号为"永徽"，那时他刚刚二十二岁。高宗执政初期比较开明，能够尊重和听取文武百官的谏言，国内一派繁华。

有一回，高宗亲自巡查监牢。他问其中一位囚犯："过去很多被判罪的人都会喊冤叫屈，可是为什么现在连死囚都不出来申冤呢？"囚犯回答说："因为唐临秉公执法，从不错判好人。"高宗听了以后感叹说："审案的官员就应该是这个样子的。"他又问唐临："现在大牢里有多少囚犯？"唐临回答说："共有五十多人，其中只有两个人是死囚。"高宗听了以后十分满意。

高宗能够非常诚恳地接受谏言。有一次，他打算冒着大雨去狩猎。出发之前，高宗问谏议大夫："如果穿着油衣就不会被淋湿了吧？"谏议大夫回答说："需用瓦遮上才不会淋雨。"言外之意就是不同意唐高宗去狩猎，免得浪费财力。高宗听到这样的回答不但不生气，反而非常高兴地表扬了谏议大夫能直言忠谏。

迎立武后，大权旁落

高宗登基以后，立刻把武则天接回宫中并加封为昭仪。655年，高宗更是力排众议，执意废黜了王皇后，改立武则天为皇后。

从656年开始，高宗的身体出现了问题，不但时常头痛欲裂，而且视线也模糊不清。于是，高宗逐渐把朝中政事交给武皇后处理。武则天天资聪颖，熟稔文史，处理政务得心应手，深得高宗的信赖。因此，高宗很少反驳武则天的意见。

武则天得到高宗的默许后，开始着手改革唐朝的官吏制度。她把门下省改为东台，中书省改为西台，尚书省改为中台，侍中改为左相，中书令改为右相，仆射改为匡政，左、右承改为书机，尚书改为太常伯，侍郎改为少常伯。

替唐高宗打理政事的时间长了，武则天渐渐掌控了实权，开始着手提携亲信，以巩固自己的实力。武则天先后任命李义府为右相，许敬宗为太子少师，同时兼东西台三品职位，掌管西台事务。正是因为有这两位亲信左右为相，武则天势力逐渐壮大，开始危及高宗的帝位。

高宗并不甘心受制，找了个机会将李义府流放到边疆。李义府遭贬使武则天心生不满，于是她加紧了对高宗的控制，严密监视高宗的一举一动。高宗对此大为恼火，便跟腹臣上官仪研究对策。上官仪提议说："皇后觊觎大权，天下人愤怒已久。不如现在就废掉她的后位，以此来稳定民心，保全社稷。"高宗立刻表示赞同，便令上官仪草拟诏书准备废后。没想到这件事情被武则天知道了，她立即跑到高宗面前哭诉，高宗不忍，又待她如初。之后，她借故诛灭了上官仪。此后，每逢上朝，武则天都垂帘听政，文武百官觐见时必须口呼"二圣"，而且所有的政事都由皇帝和皇后共同裁决。自此，唐朝政权落在了

武则天的手中，而唐高宗却成了一个傀儡皇帝。

674年以后，高宗病势逐渐加重，无力处理政务，只能在寝宫休养。683年，高宗病入膏肓，眼睛失明，身体日渐羸弱，虽多方求医，但仍不见好转。最后，五十五岁的唐高宗在洛阳贞观殿驾崩。

由于高宗身体羸弱，疾病缠身，所以虽然他在位三十多年，但实际当朝处理政务的时间却很短暂，政事大多由皇后武则天主理。当然，高宗妥善地解决了辽东问题，下令制定了更加完备的《永徽律》，推动了唐律走向完善，这些政绩都是不容忽视的。

▲唐三彩骆驼载乐俑

出土于陕西西安西郊中堡村唐墓。骆驼造型雄健优美，舞俑、乐俑体态丰满，形象生动。虽经地下埋葬一千三百多年，出土时仍光彩夺目。

〉〉〉唐高宗下令尊老子为太上玄元皇帝。

武则天是中国历史上唯一的一位女皇帝，"则天"是她的尊号，其闺名未见于史籍，如今已无从考证。她当政期间采取了一系列措施，使得国家安定，经济繁荣，为其后"开元盛世"的出现奠定了基础。她临终前诏令为自己立下一块无字碑——是非对错，任人评说，展现了这位杰出的女性政治家恢宏的气度。

公元618年~公元907年
//////////大唐盛世//////////
一代女皇武则天

知识渊博，通晓礼节，便让她在御书房里侍奉笔墨。从此，武则天每天都能接触到政事公文，开始了解国家大事。而且在这里她还能读到一些民间见不到的典籍著作，不但开阔了视野，也渐渐熟知了官场的规则。

649年，太宗崩逝，武则天等部分侍奉过唐太宗的没有子女的嫔妃都被发往长安感业寺出家。唐高宗李治做太子时就已对武则天暗生情愫，所以经常去探视。两年后，高宗自作主张把武则天接回宫中。

天生丽质，深得君心

武则天祖籍并州文水，祖上曾经在北朝魏、齐和隋朝担任中下级的官职，她的父亲原本是商人，由于追随李渊建唐立功，才走上了仕途。武则天自幼天资聪颖，胆识过人。其父深感女儿不同凡响，便开始教她识文断字。据史料记载，武则天十三四岁时就已博览群书，在诗词歌赋方面出类拔萃，而且书法极好。

武则天十四岁时，凭借姣好的相貌被选入宫中做才人。进宫后，聪明灵巧、容貌出众的武则天深得唐太宗宠爱，得到武媚的封号，人称媚娘。太宗觉得武则天

重新入宫的武则天跟王皇后、萧淑妃等争宠夺爱，势同水火。655年，恩宠正隆的武则天在后宫斗争中取得绝对优势，便时常催促高宗册封自己为后。但皇后的废立属于国家大事，必须征得朝臣同意。高宗刚提出重立皇后的打算，就立刻遭到褚遂良、长孙无忌等一班老臣的坚决反对。他们觉得武则天出身低微，不宜封后。此时武则天的心腹许敬忠和李义府等人却极力拥护她为后。

最终，高宗于当年废掉王皇后，改立武则天为皇后。从此，武则天独揽后宫大权。

▶武则天像

武则天（624~705），中国历史上唯一的女皇帝。武则天前后执政近半个世纪，上承"贞观之治"，下启"开元盛世"，史称其统治有"贞观遗风"，她是我国封建时代的一位杰出的女政治家。

▲（唐）鎏金鹦鹉纹提梁罐

银罐锤击成型，花纹平錾。口部微侈，罐体圆鼓，圈足外撇，有盖，盖大于罐口一周，呈折沿、浅腹之覆碗形，顶部有圈足状提钮，肩部对称处各有一葫芦形耳，上接提梁。通体鱼子纹地，腹部分饰一鹦鹉和鸳鸯，鹦鹉展翅欲飞，鸳鸯隐于花丛，外各饰一环状折枝花，组成圆形图案，四角填饰花叶纹，盖上饰石榴、葡萄以及忍冬蔓草纹，颈部饰一周海棠花，四瓣与两瓣相间排列，足部饰四出海棠花瓣一周。

荣登后位，垂帘听政

　　武则天登上后位以后，其"通文史，多权谋"的特长得到了淋漓尽致的发挥，使原本就对她宠爱至极的高宗刮目相看。武则天依仗高宗宠幸，涉足政事。655年到659年期间，武则天千方百计排除异己。她先是煽动高宗罢免尚书右仆射褚遂良，然后又与高宗达成共识，贬黜同中书门下长孙无忌，逼迫其自缢身亡。接下来，武则天逐个打击朝中褚遂良、长孙无忌的拥护者，逐步铲除涉政

道路上的绊脚石。

　　武则天裁夺政事不像高宗那样优柔寡断，高宗虽对武则天的独断专行不满，但处理国事时又离不开她的帮助。后来，武则天不甘居于幕后，而是公然与高宗同堂坐殿，接受百官朝拜。674年，高宗改号"天皇"，武则天号称"天后"，被世人并称为二圣。唐高宗成了名副其实的傀儡皇帝。

　　从674年武则天被尊称为"天后"公然执政，到690年自封为帝之前，武则天在这十六年中为了登基称帝煞费苦心。当时高宗按照惯例想把皇位传给长子李弘，心狠手辣的武则天不顾骨肉亲情，立刻毒杀了李弘，然后把次子李贤立为太子。高宗命李贤处理一些国事，李贤完成得非常出色。但是不久，武则天就借故把李贤贬为庶人，然后改立三子李显为太子。683年，唐高宗驾崩，唐中宗李显即位，武则天以皇太后的身份当朝摄政。一年后，武则天将中宗改封为庐陵王，拥立四子李旦为帝，即唐睿宗。李显和李旦没有什么雄才大略，执政期间事事听从武则天的安排。

废唐建周，一代女皇

　　690年，武则天感觉称帝时机成熟，便让佛僧法明大造舆论，声称："武后乃弥勒佛转世，当称天子。"然后编排了一出唐睿宗带领六万臣民请求武后改号登基的闹剧。最后，她顺理成章地按照"上天的指示"和"民众的心愿"登基称帝。称帝后，武则天改国号为"周"，改东都洛阳为神都，自封为"圣神皇帝"，将睿宗贬为皇嗣。

　　武则天虽然狠毒，执政期间重用酷吏，并坚持用强硬的手腕治理天下，但在治国上也有很多积极的作为。例如，大兴科举，重用人才；鼓励农耕，发展经济。在她执政期间，社会安定，经济繁荣，这些为其后的"开元盛世"奠定了基础。

〉〉〉高句丽国内发生内乱，唐朝大将李勣等人趁机将其攻破，俘虏高句丽王高藏，并在其地设置安东都护府。

◎**看世界**／阿拉伯大将征服布哈拉及撒马尔罕　　◎**时间**／709年　　◎**关键词**／古太白

李敬业是唐初名将李勣的孙子，在李勣去世以后承袭了祖父英国公的爵位。武则天专权时，大肆打击支持李唐皇族的政治势力，许多人都十分害怕。李敬业为了自保、扬名，自封为扬州司马，高高举起了反对武氏专权的大旗。

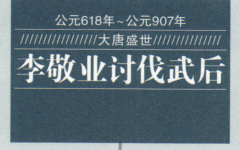

公元618年~公元907年
////////// 大唐盛世 //////////
李敬业讨伐武后

武则天专权后，肆意残杀唐室皇族，强力打压朝内拥护李唐的势力。很多李唐皇室的忠实拥护者都盼望推翻武氏政权，复兴大唐。

恰在此时，李敬业遭到武则天的贬黜。于是，心怀不满的李敬业毅然决定兴兵反抗武则天的统治。

胆大勇猛，举兵反武

李敬业出身将门，自幼胆量过人，勇猛豪爽。唐高宗执政时，南方的少数民族聚众行抢，官府军队征剿失败，李敬业以刺史的身份奉命前去处理。当地官府在城外列队迎接新刺史，李敬业却让他们自行散去，自己一个人前往州府。匪寇得知新刺史上任，便加紧守备以防遭袭。而李敬业到任后，并没有马上过问匪寇的事情，而是在处理完其他的公务后，才询问匪寇们的踪迹。在得知匪寇们都聚集在南岸后，李敬业便亲领几名佐吏渡过河去。众人见他行事如此大胆，十分惊讶。

匪寇们最开始全副武装准备迎战，但发现李敬业身单力薄渡河而来，便退回营内躲藏起来。登岸后，李敬业直接走进营内大声宣告："朝廷知道你们是被贪官污吏逼迫的，并非罪恶滔天。你们赶快回家务农吧，再不散去，就要以盗贼论处了！"随后李敬业命人把匪首叫到面前，谴责他不及早归降政府，只令手下杖责几十下，就差人将其送走了。此后，州内治安大为改善。

英国公李勣听说孙子李敬业如此胆大，对他的行为大加赞叹，然而也不无忧虑地说："就算是我也不敢这样冒险行事。恐怕这个孩子将来要使家族遭祸啊！"

谋略有限，兵败遭杀

684年早春，皇太后武则天把唐中宗李显废贬为庐陵王，改拥豫王李旦（即唐睿宗）登基，却不准唐睿宗参商政事。当时，朝中武氏家族一手遮天，皇族和老臣全都人心惶惶。于是，李敬业等人打着恢复中宗李显帝位的名号，于当年秋天在扬州兴兵起义。李敬业自封为匡复府上将，兼领扬州大都督。

▼（唐）月魄镜

该镜呈八瓣菱花形，背面正中有龟形钮。镜背饰有舞姿曼妙的嫦娥、茂盛的桂树和拿着白杵捣药的玉兔图案，间饰云纹，镜缘则以卷云与花枝、蝴蝶纹间隔排列，非常典雅。

▲（唐）三彩罐

辽宁辽阳西北郊唐韩贞墓出土。这件三彩罐粉色陶胎，挂釉以绿色为主，堆塑纹饰则施以黄、白、蓝等色。体形厚重，色彩鲜艳匀净，在唐三彩中属于上品。

随后，李敬业下令打开官库，释放罪犯，很快就召集了十多万的兵力。然后，李敬业向各个州县发布讨伐武氏的檄书，得到楚州司马李崇福所统辖的山阳县、盐城县、安宜县的响应，只有把守盱眙的刘行举没有响应。随后，李敬业命大将尉迟昭攻打刘行举。

武则天得知李敬业兴兵反抗后，便与宰相裴炎协商对策。裴炎说："现在皇上已经长大了，只要让皇上管理朝政，李敬业就没有理由兴兵反抗了。"武则天觉得裴炎跟李敬业的想法一样，都反对她掌管政权，便诛杀了裴炎。随后，武则天命唐朝宗室李孝逸带领三十万大军前去剿灭李敬业。

李敬业手下的谋臣魏思温主张直接攻取洛阳。而原监察御史薛仲璋则建议先拿下常、润两地作为大本营，随后再北上占取中原。李敬业采纳了薛仲璋的建议，命唐之奇留守江都，自己则带

〉〉〉高僧义净自广州浮海赴天竺学习佛学。

领大队人马渡过长江，夺得润州，擒获了刺史李思文，并斩杀了前来支援润州的曲阿令尹元贞。之后，李敬业得知李孝逸的部队快要打过来，便迅速撤军，在高邮的阿溪屯兵驻守。后命徐敬猷带领人马逼近淮阴，命韦超、尉迟昭在盱眙东南的都梁山上排兵布阵，提防朝廷军队的袭击。

李孝逸抵达临淮后，由于手下部将雷仁智战败，所以不敢继续前进，后来经过魏元忠等大力劝说，李孝逸才又领兵攻打都梁，并斩杀了尉迟昭。尉迟昭死后，韦超依然死守都梁。

入冬，武则天封左鹰扬大将军黑齿常之为江南道大总管，负责支援李孝逸。得获援军的李孝逸听取魏元忠等人建议，先消灭敌方弱旅，后攻克其精锐部队，迅速攻陷都梁。韦超连夜逃跑。

李孝逸随即开始进攻淮阴，徐敬猷溃败。李孝逸乘势攻取高邮，李敬业立即带领人马固守阿溪。李孝逸的部将苏孝祥趁着夜色带领五千兵卒渡江突袭李敬业，却不幸失败阵亡，手下兵卒大多数被水淹死。此后，李孝逸接连几次攻打李敬业均告失败，便萌生了撤军的念头。而魏元忠等

▲（唐）虎头雁柄尊
此尊器型制周正，虎头雁柄，制作工艺精湛。

觉得天干物燥且风向有利，比较适合火攻，便坚决请战。

两军对垒，李敬业严阵以待，但因候战太久，士兵筋疲力尽，所以阵形有些松懈。李孝逸见敌军士气锐减，当即下令放火，火借风势，迅速烧遍了李敬业的大营。李敬业大军见大火烧来，措手不及，纷纷逃散。李孝逸随即引兵偷袭。李敬业大军顿时溃不成军，七千兵卒被斩、淹死的人不计其数。李敬业带领轻骑逃到江都，打算带领家眷从润州转海路逃往辽东。李孝逸立即追到江都，命各路大将分头追杀。结果逃到海陵的李敬业被其部下斩杀，而徐敬猷、骆宾王、唐之奇、魏思温等也遭剿杀。这样，扬州、润州和楚州的叛乱最终被镇压了。

李敬业刚刚兴兵，武则天就立刻发兵剿伐，阻止了叛乱的扩散。所以，从李敬业兴兵到最终兵败身亡，前后一共不到四十天。

尽管李敬业刚刚兴兵时轰轰烈烈，但是支持他的人并不多。而且李敬业在战略战术安排上存在严重的失误，他既要应付李孝逸的部队，又要分出兵力去攻打常州、润州，难免有些力不从心。所以，他最后溃败而亡的结局也是不难预料的。

〉〉〉著名诗人王勃去世。王勃诗文俱佳，为"初唐四杰"之冠，代表作有《滕王阁序》《送杜少府之任蜀州》等。

676年

◎看世界／威尼斯与伦巴德签订商约　　◎时间／715年　　◎关键词／帝国城市 贸易自由

公元618年~公元907年
//////////大唐盛世//////////
护国良相狄仁杰

狄仁杰，字怀英，并州太原人，是唐代杰出的政治家，官至宰相。他为官时勤于政事，爱民如子，在武则天执政期间，多次匡正其弊政，并因正直敢言而得到她的赏识。武则天尊狄仁杰为"国老"，在他去世后曾哭道："朝堂空也"。在上承贞观之治、下启开元盛世的武则天时代，狄仁杰辅国安邦，政绩卓著，为恢复李唐政权建立了不朽的功勋。

刚正廉明，犯颜死谏

狄仁杰出身于官宦世家，他的祖父狄孝绪曾在唐太宗时期位至尚书，父亲狄知逊曾任夔州长史。狄仁杰从小喜爱读书，顺利地通过科举考试走进了官场。但狄仁杰刚刚上任就遭人污蔑，当时的大画家阎立本奉命审理他的案件。阎立本在查清案件的同时，发觉狄仁杰是一个品德才能俱佳的人才，乃"河曲之明珠，东南之遗宝"，便举荐他为并州都督府法曹。狄仁杰在任期间学习和掌握了朝廷的一些礼法典制和规章制度，对做官有了一些基本的认识。

676年，狄仁杰升迁为大理寺丞，他刚正不阿，秉公办事，解决了很多积压多年的疑难案件，而且凡是他经办审理的案子，从没有人喊冤叫屈。从此，狄仁杰威名远扬，成为朝廷上下公认的清官。

狄仁杰还因敢于冒死直谏而闻名。676年春天，武卫大将军权善才不小心砍掉了昭陵的柏树，唐高宗因此大发雷霆，下令处死权善才。狄仁杰谏言说罪不至死，高宗气愤地说："权善才砍伐皇陵林木，置我于不孝，必须处死！"狄仁杰依法辩理，最终说服高宗免了权善才的死罪。

没过多久，高宗提拔狄仁杰为侍御史，主要职责是审查案件、举发弹劾文武朝臣。狄仁杰就任期间恪尽职守，纠劾了一批溜须拍马、滥用私权的官吏。

679年，大臣韦弘机兴建了豪华气派的宿羽、高山、上阳等宫殿。狄仁杰上表弹劾韦弘机诱导皇族追求奢靡，因此，韦弘机被免除了官职。左司郎中王本立倚仗皇帝的赏识肆意胡为，朝廷内外都对他忌讳三分，不敢议论。狄仁杰却毫不畏惧，向朝廷检举他品行不端，要求朝廷法办。高宗想要网开一面赦免王本立，狄仁杰据理力争，强

◀狄仁杰像

狄仁杰，字怀英，事唐高宗与武则天两朝。为官清正廉洁，不畏权势，居庙堂之上，而始终以民为忧，被后人称为"唐室砥柱"。

烈要求依法处置，最后王本立被依法惩罚。

有一次，高宗打算临幸汾阳宫，便命狄仁杰先去安排路途上的食宿之地。这时，并州长史李冲玄已经征集了几万人开始修筑御道。狄仁杰觉得修筑御道没有什么意义，而且浪费人力物力，便急令停工，从而减免了并州几万人的劳役负担。高宗听说此事以后，对狄仁杰称赞不已。

清正惠民，被诬遭贬

686年，狄仁杰外放宁州刺史。宁州居住着很多少数民族。狄仁杰注重缓和各民族之间的矛盾，宁州地区民族因此和睦，呈现出一片和谐。当地人民为了歌颂他的功德，特地为他修建了石碑。687年，狄仁杰升迁为冬官侍郎。688年，充任江南巡抚使。狄仁杰见到吴、楚两地有滥修祠堂的陋习，便请旨毁掉了一千七百多座祠堂，并下令未经官府准许，不得滥修祠堂，由此大大减轻了老百姓的负担。

同年，武则天镇压了琅玡王李冲和越王李贞的造反后，命狄仁杰担任豫州刺史。当时，越王余党两千多人论罪当死。狄仁杰知道这里面有很多人都是被逼无奈才在越王手下谋事的，他便奏请武则天从轻发落。武则天采纳

◀（唐）陶女侍俑
高三十厘米。女俑梳双鬟，微眯两眼，穿落地长袖长袍，外罩坎肩式上衣，双手隐入长袖内，举于胸前，做舞蹈状。

了狄仁杰的谏言，赦免了这批犯人的死罪，改为流放边疆。这样做不但稳定了民心，还使豫州的形势趋于缓和。

在平定越王李贞叛乱的过程中，立功的宰相张光辅居功自傲，肆意向狄仁杰索要钱财。狄仁杰不但没有满足张光弼的无理要求，反而强烈谴责他为了邀功请赏而滥杀俘虏的可耻行为。理屈词穷的张光辅记恨在心，回朝后立刻在武则天面前诬陷狄仁杰诽谤朝廷。于是，狄仁杰被贬黜为复州刺史。尽管狄仁杰遭受贬职，但他的才能已经深得武则天的赏识。691年秋天，狄仁杰被提拔为地官侍郎，同时领凤阁鸾台平章事，晋升为相。狄仁杰高居相位以后，依然谨慎行事，严于律己。

狄仁杰官拜相位参商国事的时期，正是武则天执政最顺利的时期。武承嗣担心狄仁杰将来会反对册封自己为皇嗣，便联合酷吏诬陷狄仁杰等人意图造反，并把他们打入大牢。按照当时的律法，如果能够立刻承认谋反的罪名就可以免于

死罪。于是，当来俊臣准备严刑逼问狄仁杰时，狄仁杰立即承认了自己准备谋反的罪名。来俊臣录下口供，以为自己得手了，便非常高兴地把狄仁杰等人押回大牢，等待择日行刑，也因此而放松了戒备。狄仁杰便找机会把事情的真相写下，并让儿子把奏章呈送武则天。后来，武则天把他从大牢里释放出来。就这样，狄仁杰凭借自己的机智和果敢逃过了一劫。后来，武承嗣又屡次请求武则天诛杀狄仁杰，但都被武则天拒绝了。

武后器重，鞠躬尽瘁

狄仁杰声名远扬，武则天愈发地器重他了，并亲赐紫袍、龟带给他以示奖励。697年秋天，武则天把狄仁杰调回京师，重新拜他为相。从此，狄仁杰开始尽心辅弼武则天处理天下政事。

武则天非常信赖和器重狄仁杰，不但敬称他为"国老"，还把不少国事都交由他裁夺。晚年的狄仁杰曾经几次因病痛缠身而请求告老还乡，都被武则天极力挽留下来。

狄仁杰经常当庭犯颜直谏。武则天非常欣赏他的耿直，不但不介意，并且常常采纳他的谏言。有一次，武则天问狄仁杰："我想找一位栋梁之材加以重

用，你觉得谁比较合适呢？"狄仁杰问："皇上打算让他担当什么职位？"武则天回答："相位。"狄仁杰说："倘若您想要找文采出众的，苏味道和李峤就非常适合。但倘若您想求宰相，则非荆州长史张柬之莫属了。他虽然年龄稍大，但已具备拜相的才能了。"随后，武则天采纳了狄仁杰的建议，擢升张柬之为洛州司马，没过多久便拜他为相。

此外，狄仁杰还陆续举荐了姚崇、桓彦范和敬晖等几十人，这些人后来都成为唐朝的栋梁之材。于是有人夸赞狄仁杰："朝廷重臣都出自你的手下啊。"狄仁杰回答说："推贤举能关乎国家未来，而不是为了给自己谋私啊！"

700年，狄仁杰因病辞世。

狄仁杰是一位杰出的政治家。他为官时能够把百姓放在首位，凡事以大局为重，尽心辅佐君主，积极指出武则天的错误决断，为巩固贞观盛世成果作出了重要贡献。

◀（唐）陶文吏俑

头戴盔，身披甲，外罩长衣，腰间系带，双肩握拳，上下相叠，置于胸前，似持物状。全身施灰黄釉。

◎看世界／中亚大战　　　　　◎时间／730年　　　　　◎关键词／阿拉伯 突厥人

唐玄宗李隆基是唐睿宗李旦第三子，谥号为"至道大圣大明孝皇帝"，所以后世也称他为唐明皇。唐玄宗在位前期锐意进取，勤政爱民，把唐朝带进了政局平稳、国家富庶、文化兴旺的繁盛时期，缔造了一个流芳百世的"开元盛世"。此时的唐朝经过贞观时代以后半个多世纪的发展与积累，已臻于鼎盛，进入了黄金时代。

公元618年～公元907年
////////////大唐盛世////////////
唐玄宗与开元盛世

多事之秋，平乱即位

李隆基出生于685年，当时正是朝廷多事之秋。699年，日渐衰老的武则天听从了狄仁杰等人的劝谏，打消了立武承嗣为太子的念头，把被贬为庐陵王的李显召回洛阳，重新立为太子，同时改封李隆基之父李旦为相王。

701年，李隆基先后就任右卫郎将和尚辇奉御。在这期间，张柬之等发动政变，逼迫武则天让出皇位，使李显重新登上帝位，是为唐中宗。不料中宗软弱无能，他即位后，朝中大权被皇后韦氏牢牢把持。她的女儿安乐公主更是嚣张跋扈。母女两人与外廷的宗楚客、纪处讷、韦巨源等同流合污，党同伐异，并与武三思勾搭成奸，图谋不轨，搞得朝堂内外乌烟瘴气。

▶（唐）打毬女陶俑
打毬是一种持杖击球的运动。打毬兴起于唐初，到中宗时期非常盛行，到玄宗时发展到鼎盛时期。

710年，李隆基回京参加京郊祭奠大礼。他曾目睹过张柬之政变，意识到朝廷将有大的变动，便决定暂不离京，静观其变。同时，他还积极结交羽林军，以防不测。同年，韦后等一帮佞臣贼子毒杀中宗，妄图夺取政权。李隆基与太平公主联手先一步发动政变，将韦、武势力一举歼灭。随后，相王李旦重登帝位，是为唐睿宗，立有大功的李隆基顺理成章地成了皇太子。

此时，李隆基与太平公主的矛盾逐渐尖锐起来。太平公主是武则天的女儿，机敏聪慧，在平定韦后叛乱中也立下了汗马功劳，所以唐睿宗非常重视她。每当商讨国事，睿宗一定会先问："太平公主知道了吗？"然后才问："太子知道了吗？"

太平公主有很强的政治抱负。起初，她并未将李隆基放在眼里。直到李隆基被立为太子，并且身边聚拢了一班博学多才的谋臣策士，太平公主才意识到问题的严重性。于是，她命人制造谣言离间太子与睿宗之间的关系，并且笼络文武百官，排挤太子的势力。

》》》侍御史傅游艺率关中百姓上表，请求武则天登基。武则天遂"顺应民意"，即位称帝，改国号为"周"。

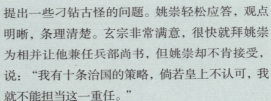

▶《石台孝经》（明拓）
唐天宝四年（745）立。碑存陕西西安碑林。拓本四册，钤"周肇祥鉴赏印""百镜之庵"章。唐玄宗李隆基撰序、作注并书写，太子李亨篆额。

唐睿宗对妹妹和儿子之间的争斗非常无奈，眼见姑侄之间的关系越来越紧张，便下诏让太子监国，并于712年夏天把皇位传给了李隆基，改元"先天"。太平公主百般阻挠，仍无法说服哥哥，于是紧锣密鼓地准备夺权。次年，太平公主发动政变，不料玄宗事先已经得到风声。玄宗先发制人，亲自率御林军平定了叛乱，太平公主最终被赐死。玄宗很快又消灭了她的余党，将大权尽收于手中。从武则天时期开始的权力争夺暂告一段落，唐朝开始走向政局稳定、经济发展的辉煌时期。

铲除奸佞，选贤任能

稳定政局以后，唐玄宗开始着手治理国家。他觉得曾经帮助自己消灭韦武势力和太平公主的郭元振、刘幽求等人并不是真正的贤良之臣，因为这些人贪婪无比，一旦欲望无法得到满足，就会萌生二心。这类人只能跟自己共同打天下，但是不能跟自己共同守天下。于是玄宗后来借故把这些人一一削贬诛灭。

玄宗一边清除朝廷的佞臣，一边着手挑选贤能之人。他知道同州刺史姚崇很有才干，便宣他进京，让他畅谈对安邦定国的看法，并向他提出一些刁钻古怪的问题。姚崇轻松应答，观点明晰，条理清楚。玄宗非常满意，很快就拜姚崇为相并让他兼任兵部尚书，但姚崇却不肯接受，说："我有十条治国的策略，倘若皇上不认可，我就不能担当这一重任。"

玄宗问姚崇是哪十条，姚崇一一陈述：宽待百姓，废除酷刑严法；不求战绩，减少征战之苦；公正严明，不偏祖近臣；禁止宦官干政；废除租赋以外的所有税赋；禁止皇亲身居高位；尊重臣子；广开言路；禁止大兴土木修筑佛寺；禁止外戚干政。玄宗听后一一应允了，姚崇这才正式上任。

除了姚崇，玄宗还

◀唐玄宗像
唐玄宗李隆基在位前期励精图治，文治武功鼎盛，开创了"开元盛世"。

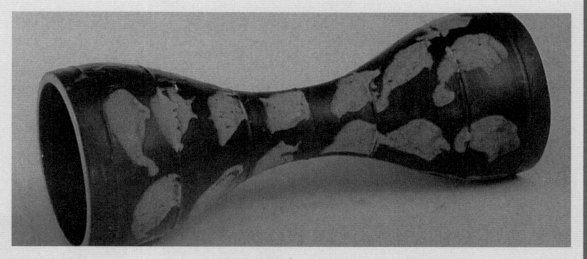

▲（唐）黑釉蓝斑腰鼓

广口，纤腰，鼓身凸起弦纹七道。通体以花釉为饰，在漆黑匀净的釉面上，泼洒出块块蓝白色斑点，宛如黑色闪缎上的彩饰，优美典雅。此鼓造型硕大规整，线条柔和，纹饰奔放，通体漆黑明亮的黑釉与变幻多姿的蓝白色釉相衬托，构成了一幅绚丽多彩的画面，如云霞缥缈，似水墨浑融，装饰效果极强，是唐代瓷器中的传世精品。

提拔了宋璟、张九龄、张嘉贞、张说、李元纮、杜暹、韩休等许多贤能之臣。正是因为他明白人才的重要性，任人唯贤，选择了真正的人才来辅佐自己，才使得大唐王朝逐渐走向繁盛。

发展生产，缔造盛世

玄宗在位前期，大力提倡节俭，下令全国地方官均不得搜罗珠玉及织造锦绣，规定三品以下的大臣以及后宫"妃"以下品级的人不得佩戴金玉制作的饰物，同时大量遣散宫女。这些措施一改武则天以来后宫的奢靡之风，大大节省了花销。

玄宗还非常注重发展农业，组织修建很多农田水利设施，帮助百姓有效地抵御旱灾，大大提高了粮食产量。另外，玄宗还把各地的荒田交给无家可归的流浪者耕种，并免去五年的税收，以

鼓励他们耕作。这些激励措施，大大增强了农民生产的积极性，使全国各地呈现出一派忙于生产的热火朝天的景象。同时，这些举措也增加了编户，充实了粮仓，最终增强了国力，使专制统治更加巩固。

这一时期，唐朝经济随着农业的快速发展而迅速繁荣，社会开始走向鼎盛发展时期。玄宗还增强了唐朝边境的军事力量，采取"募兵制"，设置了朔方、河西等十个镇的节度使，分别管理各州地事宜，并掌控军权。此举使得唐朝的军事防御力量大大增强，因此在这一时期，塞外邻邦都不敢轻易侵扰。

总之，开元年间，唐朝国库充裕，全国粮仓充实，物价十分便宜。玄宗勤于政务，重用贤能，发展农耕，重视文教，使得整个社会呈现出一派繁荣昌盛的景象，唐都长安不仅是唐朝政治、经济、文化中心，也是一座国际性的大都市。后代的史学家们称这一时期为"开元盛世"。遗憾的是唐玄宗没有善始善终，他在执政后期逐渐疏于朝政，追求奢华，致使朝廷奸佞当道，忠良遭嫉，并最终引发了"安史之乱"。一代明主蜕变成昏君，唐朝从此逐渐走向衰落。

杨玉环是唐玄宗李隆基的宠妃，被誉为中国古代四大美女之一。相传她风姿绰约，芳华绝代，唐代大诗人白居易在其名作《长恨歌》中曾赞她："回眸一笑百媚生，六宫粉黛无颜色。"玄宗宠幸她之后，便沉迷于其美色之中，怠于朝政，导致纲纪废弛，奸臣当道，从而引发了撼动大唐根基的安史之乱。因此可以说，杨玉环是一个影响了大唐历史的关键人物。

公元618年~公元907年
////////////大唐盛世////////////
绝代红颜杨玉环

玄宗宠幸，艳压后宫

　　杨玉环自幼失去双亲，是由叔叔杨玄璬抚养长大的。杨玄璬曾出任河南府士曹，因此杨玉环的童年是在河南度过的。杨玉环天资聪颖，从小就接受了良好的教育，长大后美貌出众，音律歌舞更是样样精通，因此芳名远播。

　　735年，十六岁的杨玉环被选为妃子，嫁给了唐玄宗的第十八个儿子寿王李瑁，婚后二人十分恩爱。

　　寿王李瑁的生母就是玄宗李隆基最喜爱的武惠妃。武惠妃在从713年被选为妃子到737年辞世的二十多年间，一直深受玄宗的宠爱。武惠妃去世时，玄宗悲痛欲绝。此后，在偌大的一个后宫，玄宗居然找不到第二个如武惠妃般令他着迷的嫔妃。他整天愁眉不展，性格变得越来越怪僻，动不动就惩罚身边的太监和宫女。那些侍者每天都担惊受怕，唯恐玄宗会突然把怒火发泄在自己身上。

　　大太监高力士深知玄宗的内心，知道他的这些反常举动都是因为失去了爱妃，而这股怨气只能靠另寻一位绝色佳丽来缓解。于是，高力士派人遍访名媛，无论出身婚否，只要是才貌

▼（清）康涛《华清出浴图》
清代画家康涛的作品，取自白居易《长恨歌》"春寒赐浴华清池，温泉水滑洗凝脂"诗意。杨贵妃虽然集三千宠爱于一身，但安史之乱爆发后，还是难逃赐死马嵬坡的悲剧命运。

双全的女子，都被列入名单。后来，经过仔细筛选，被确认适合的人选居然是寿王李瑁的妃子杨玉环。

　　由于杨玉环是玄宗的儿媳，所以直接送入后宫难免招人非议。于是，经过一场精心的谋划，

〉〉〉唐代女官、著名女诗人上官婉儿去世。上官婉儿是武则天时代杰出的女政治家，后人称其为"巾帼宰相"。

◎看世界／拜占庭利奥三世去世 ◎时间／741年 ◎关键词／君士坦丁五世即位

▲（唐）张萱《虢国夫人游春图》

此图描绘的是天宝十一载（752）唐玄宗的宠妃杨玉环的三姐虢国夫人及其眷从盛装出游的情景。全画共九人骑马，前三骑与后三骑是侍从、侍女和保姆，中间并行二骑为秦国夫人与虢国夫人。作品注重人物内心刻画，运用了精细的线描和色调的敷设，作品浓艳而不失其秀雅，精工而不显板滞。整幅画构图疏密有致，错落自然。

740年秋天，杨玉环以自愿向道为借口，离开了寿王府。741年，杨玉环得到御赐的"太真"道号，正式出家为道士。杨玉环名为向道，其实是被安置在皇宫内的道观，随时听候玄宗的召唤。

744年，玄宗特意把大臣韦昭训的女儿赐婚给寿王李瑁做王妃，以弥补寿王妃的空缺。而后，玄宗堂而皇之地把杨玉环册封为贵妃。在玄宗看来，他所立的是女道士杨太真，而不是过去的儿媳杨玉环。

年过六十的玄宗费尽周折，才得到了二十七岁的杨玉环，所以对这位年轻貌美的妃子宠爱有加。杨贵妃外出骑马，必定由大太监高力士亲手策鞭；而仅供杨贵妃专用的织绣工就多达七百人。文武大臣纷纷献礼取悦皇上的宠妃，岭南节度使张九章和广陵长史王翼均因所献的贡品别出心裁而得到升迁。一时间，群臣争相效仿，献宝谄媚。由于杨玉环非常喜欢岭南的荔枝，所以就有人费尽心思把岭南的新鲜荔枝快运到长安。

被册封为贵妃的杨玉环所得到的恩宠同武惠妃比起来，有过之而无不及，她在后宫中自称为"娘子"，其享受的待遇和礼仪与皇后相差无几。尽管杨贵妃博得了玄宗的喜爱，但她也有两次因忤逆圣意而遭到惩罚。

一次是746年夏天，杨贵妃触怒了玄宗，被唐玄宗一气之下差人送回娘家堂兄杨铦的府上。到用午膳的时候，玄宗毫无胃口，脾气暴躁，还拿身边的侍从出气。高力士领会皇上的心意，便上奏请求把杨贵妃接回宫中。于是，当天夜里，杨贵妃被用一乘小轿从兴安里门接回后宫。回宫后，杨贵妃伏在地上认错，玄宗连忙上去抚慰，二人又和好如初了。

还有一次是750年，杨贵妃又因忤旨被送回娘家。宦官吉温进言说："女人见识浅薄，才会忤逆圣意，但是贵妃跟随皇上这么久了，就算真的有罪，也应该在宫里接受惩罚。何必把贵妃送回娘家，让外人来议论皇上的家事呢？"于是，玄宗立刻命中使张韬光为杨贵妃送去御赐膳食，以示抚慰。杨贵妃深谙谄魅之道，竟然剪下自己的一束秀发让张韬光带给玄宗。玄宗见到断发既心急又心疼，连忙让高力士把杨贵妃又接回宫中。经历了这次"断发明志"事件以后，再也没有发生过贵妃忤旨的事情。

◎看世界／拜占庭帝国发生大瘟疫　　◎时间／744年　　◎关键词／死者上百万人

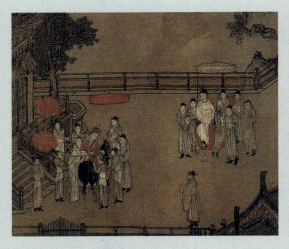

▲（宋）《杨贵妃上马图》

唐玄宗与杨贵妃的故事是画家偏好的画题。此团扇画玄宗骑在马上，回顾杨贵妃，四宫女正扶着杨贵妃上马。杨贵妃的娇柔体态，带有宋人的审美意蕴。宫殿庭院以界画形式画之，有院体画风。

祸乱朝政，香消玉殒

　　杨贵妃备受恩宠的时期，也正是唐朝由盛转衰的时期。杨贵妃一人得势，杨氏族人也都平步青云。她的堂兄杨铦被提拔为鸿胪卿；杨锜被擢升为侍御史，并迎娶了武惠妃的女儿太华公主；杨钊（国忠）不但身担相职，还兼任剑南节度使；杨国忠的两个儿子杨昢和杨暄，以及杨玉环的弟弟都成为驸马。仅杨氏一族就娶进两位公主和两位郡主，这在历史上是非常少见的。此外，玄宗还下令为杨贵妃的双亲修建祠庙，并亲笔题写祠庙里的碑文。

　　不仅如此，杨贵妃死去多年的父亲还被追封为太尉、齐国公。杨贵妃的三个姐姐还分别被赐予韩国夫人、虢国夫人和秦国夫人的名号，并被允许随意进出后宫。杨氏一族生活奢靡，一掷千金，大大加重了国库负担。其中仅三位夫人的

脂粉钱每年就要消耗一千贯钱。至于杨氏家族的宅邸，则更是金碧辉煌，奢华无比，不是普通官员能够享有的。

　　杨氏家族还仗势横行。有一次，杨家人在出西市门时与广平公主的骑从发生口角。杨家仆人扬鞭便打，广平公主被鞭梢扫到，立刻滚落马下，驸马程昌裔连忙去搀扶公主，竟也惨遭鞭笞。后来，广平公主去向唐玄宗哭诉，玄宗虽然下令斩杀了杨家仆人，但也同时罢免了驸马的官职。

　　自从宠幸杨玉环之后，玄宗逐渐不再理会朝政，任由杨国忠等奸佞之人胡作非为，最终导致了安史之乱的爆发。

　　叛乱发生后，玄宗携杨贵妃等人匆匆西逃入蜀。随行军士行至马嵬坡时拒绝前行，在诛杀杨国忠之后，他们要求玄宗处死杨玉环。玄宗无奈，只得命高力士将其缢杀于佛堂。可怜一代红颜，就这样死于非命，令后世之人唏嘘不已。

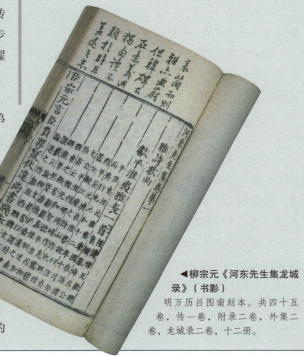

◀柳宗元《河东先生集龙城录》（书影）

明万历吕图南刻本。共四十五卷，传一卷，附录二卷，外集二卷，龙城录二卷，十二册。

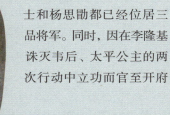

高力士，本名冯元一，是唐玄宗时有名的大宦官，一生侍奉过武则天、中宗、睿宗、玄宗四个皇帝，在玄宗还是临淄王时，就审时度势，投到了他的门下，并助其平定韦氏之乱，剿灭太平公主。玄宗登基后，对高力士大加封赏。尽管恩宠加身，春风得意，但他仍然非常谨慎小心，不敢有越礼之举，史书称其"性和谨少过，善观时俯仰，不敢骄横，故天子终亲任之，士大夫亦不疾恶也"。

公元618年～公元907年

////////// 大唐盛世 //////////

大宦官高力士

入宫为奴，参与政变

高力士是潘州（今广东高州）人，其曾祖和祖父都是边疆高官。但他父亲冯君衡却因触犯刑律而被抄家产，贬为官奴，所以高力士从小就跟父母离散了。

698年初，高力士被送进宫中做宦官。他聪颖机智，深得武则天青睐。后来，高力士不小心惹恼了武则天，被撵出后宫。走投无路的高力士被宦官高延福收为义子，从此改为高姓。

一年后，高力士重返后宫谋事。此时的他刚刚成年，行事小心谨慎，比较适合传达诏命，于是，他开始负责主管宫中门禁。

唐中宗执政末期，韦、武势力蠢蠢欲动。李隆基暗地里谋划扶持皇室。高力士审时度势，主动向李隆基示好。此时，李隆基也急需宫中宦官做内应，二人一拍即合，高力士成为李隆基的宫中内应。710年，李隆基带领羽林军铲除了韦、武势力，重新拥立唐睿宗登基。功不可没的李隆基被立为太子，他把高力士留在身边，封他为朝散大夫。从此，高力士成了李隆基的亲信。一路高升的高力士对皇太子李隆基忠心耿耿，深得李隆基的信赖。这一期间，太平公主再三压制李隆基，并打算利用政变来收回李隆基的储位。

713年夏天，唐玄宗在高力士等一班心腹的全力配合下，一举歼灭了太平公主的势力。功勋卓著的高力士被擢升为右监门卫将军，官至三品，除了依旧负责传达诏命外，还开始涉足政事。唐朝宦官涉政的历史由此开始。

扩张势力，干预朝政

玄宗统治时期，宦官的权势逐渐扩大。大宦官高力士和杨思勖都已经位居三品将军。同时，因在李隆基诛灭韦后、太平公主的两次行动中立功而官至开府

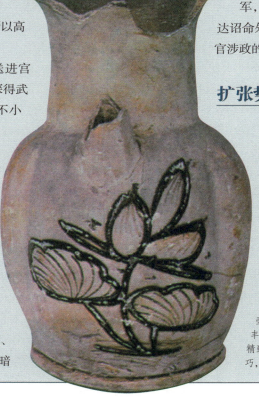

◀（唐）青釉褐绿彩莲花纹瓜形水注

水注在长沙窑中出土量很多，大多为壶状，亦有动物及葫芦造型，式样颇丰。该水注青釉绿彩，上画莲花纹，精致美观，既体现了匠人高超的捏塑技巧，也显示出唐人的野逸之趣。

〉〉〉唐玄宗以靺鞨大祚荣所部为忽汗州,令大祚荣为都督,封渤海郡王。

713年

▲（唐）佚名《骑马人物图》

图中画两位骑马人,前一位穿黑红色长袍,袍有斗篷,戴冠,马鬃用笔染为红色。后面一位双手持杖,着圆领长衫,戴冠。前者为主人,后者为仆人,马后有树和花。此图造型准确,用笔自然流畅,似中原北方唐墓壁画风格,应为盛唐之作。

仪同三司的王毛仲,也得到玄宗的另眼相待,他常常倚仗皇恩欺凌宦官。

730年,王毛仲千方百计想获取兵部尚书的职位,玄宗对此极为不满。后来,王毛仲夫人生产,高力士奉命前去赐赠礼物,并赐新生儿为五品衔。高力士回宫后,污蔑王毛仲对玄宗不满,还煽风点火地说:"北门守卫都是跟王毛仲一伙的,如不趁早除掉,以后一定会引发祸患。"恰巧这时,玄宗又听闻王毛仲自作主张命人到太原索要皇族专用的甲仗,便渐渐认定他有反心。第二年正月,玄宗把王毛仲贬黜为瀼州别驾,并下令在押解途中将他缢杀。王毛仲的四个儿子也被贬离京城。

除掉王毛仲以后,宦官的实力空前膨胀。高力士越来越受到玄宗的信赖,甚至常常在殿侧留宿,而不再回到自己的府邸休息。当时大臣们的奏章都必须先经由高力士阅过才能呈献给皇上,一些琐碎的小事也直接由他代为裁夺。这时的高力士已是大权在握,春风得意,满朝文武都争相巴结他。但他说话做事一直都格外谨慎。他介入政事后也没有一味胡乱行事,盲从权臣,在某些问题的看法上还是颇有见解的。

738年,由于武惠妃和李林甫的陷害,太子李瑛及兄弟被玄宗废贬并处死。玄宗想要把年长且谦恭仁孝的忠王李亨立为太子,但却遭到奸臣李林甫的反对。李林甫为了取悦武惠妃,大力推举武惠妃的儿子寿王李瑁为太子。玄宗左右为难,而且自己刚刚下令处死了三个亲生儿子,内心十分复杂。高力士看透了玄宗的心思,便顺着他的心意说:"这件事情并不难,只要按照惯例册立长者,一定没有谁敢再去争夺太子位!"于是,玄宗听取了高力士的建议,册立忠王李亨为太子。

权重位高,葬于泰陵

玄宗执政后期终日流连于美酒和美色之间,无心处理政事,最终导致安史之乱的爆发。玄宗迫不得已躲到成都避祸。

757年,唐肃宗李亨终于收回两京,高力士护送玄宗返回长安,进驻兴庆宫。由于高力士护驾有功,玄宗提封他为开府仪同三司。760年,拥戴肃宗立功的大太监李辅国利用玄宗和肃宗之间的摩擦,诬陷玄宗和高力士相互勾结,企图重夺帝位。于是,肃宗命玄宗迁至西内。到达西内后,高力士被形势所迫,离开玄宗。

没了玄宗的庇佑,高力士实力锐减。没过多久,他身染疟疾,不得不在功臣阁下避疟。这时,朝廷以勾结叛逆为名,将其流贬到巫州。第二年,宰相第五琦也因琐事被贬放到边疆。高力士与他偶遇后饮酒叙旧,两人回想起曾经的辉煌,再看看如今的凄凉,不禁大发感慨。

762年春天,玄宗和肃宗先后去世。唐代宗李豫登基,改年号为"至德",并大赦天下。这时,被流贬巫州的高力士才有机会返京。两个月后,高力士也因病离开了人世。代宗念及高力士多年来忠心伺候玄宗有功,特别恩准将他安葬在玄宗的墓侧。

〉〉〉佛教禅宗第六祖惠能大师去世，惠能的禅学思想见于其弟子法海集记的《法宝坛经》。

◎看世界／阿拔斯派击败呼罗珊总督　　　◎时间／747年　　　◎关键词／阿布·阿拔斯

张九龄，一名博物，字子寿，韶州曲江（今广东韶关）人，是唐代开元年间一位高瞻远瞩、锐意革新的政治家，官至宰相，有"当年唐室无双士，自古南天第一人"之美誉。张九龄不仅在政治领域有所建树，还是一位文坛巨匠，被尊为"岭南诗宗"，被后世认为是开拓了盛唐一代诗风的关键性人物。

公元618年~公元907年
//////////大唐盛世//////////
诗人宰相张九龄

▼（唐）张九龄《望月怀远》意境图

诗曰："海上生明月，天涯共此时。情人怨遥夜，竟夕起相思。灭烛怜光满，披衣觉露滋。不堪盈手赠，还寝梦佳期。"这是作者离乡望月，思念远方亲人而写下的诗句。诗中写景抒情并举，情景交融，其中"海上生明月，天涯共此时"为千古佳句，意境雄浑旷远。

文才出众，入仕为官

张九龄是进士出身，唐中宗时期登科及第，唐玄宗开元年间先后担任中书侍郎、中书令和宰相等职。他从小就具备了较高的文学素养，十三岁时就受到广州刺史王方庆的高度赞赏，王方庆预言他日后定能出人头地。后来，张九龄参加科举考试时，又得到主考官沈佺期的激励褒扬，一举中第。张九龄及第的第二年，遇到被流贬到岭南的张说，这位有着"当朝师表，一代词宗"美誉的文坛掌门人给予张九龄"后出词人之冠"的高度评价。

张九龄为官期间，曾经上奏唐玄宗，提出不能忽略地方官吏的选用，要端正选用京官和外任的态度，还主张重用贤才，不唯资历举人。

716年，张九龄上疏请求开凿大庾岭新路获得批准，奉命监管这一工程。大庾岭新路也叫"梅岭驿道"，是我国历史上贯通南北的重要途径。它连接起海上和陆上两条丝绸之路，促进了中原

◎**看世界**／丕平三世成为法兰克实权宫相　　　　　◎**时间**／747年　　　　　◎**关键词**／卡罗曼弃位

▲（唐）陶骆驼胡人俑

江苏无锡东郊江溪陶典村墓葬出土，骆驼通长三十七厘米，高二十二厘米，胡人残高十八厘米。骆驼、胡人是唐代奔波于丝绸之路上的"常客"。此类陶俑在江南出土，可见江南文化也渗入了西域文明的成分。

与岭南之间的经济和文化往来，对巩固南北统一具有积极意义。

723年，张九龄升迁为中书舍人。由于他跟张说交往甚密，后来张说遭贬，张九龄受到牵连也被调任出京。731年，玄宗任命张九龄为秘书少监，并兼任集贤院学士，后又官至中书侍郎。733年，张九龄拜相。

玄宗执政时，安禄山奉命征伐奚和契丹，结果惨败而归。张九龄准备按照军法处死安禄山，被玄宗拦了下来。后来安禄山发动叛乱。玄宗逃到蜀地避难时，想起当年不听张九龄之言以至遭此大祸，懊悔不已。于是，玄宗命人专门去曲江悼念张九龄。

贤明正直，敢于力谏

张九龄做宰相时，武惠妃是后宫中获得恩宠最多的一个妃子，她的亲生骨肉寿王李瑁也是玄宗最疼惜的一个皇子。奸臣李林甫千方百计向武

惠妃表明自己对寿王的忠诚，因此，武惠妃时常在玄宗面前褒扬李林甫。没过多久，李林甫就被擢升为黄门侍郎。这是仅低于侍中的副宰相级别的官职。

734年初夏，李林甫再次受到提拔，跟裴耀卿、张九龄等同朝为相。在所有的宰相中，李林甫最擅长溜须拍马，因此也最讨玄宗欢喜。

736年秋天，玄宗居住在东都洛阳。按照原计划，应该在次年早春起程返回西京长安，但由于洛阳宫内时有异兆发生，玄宗便与众宰相商讨提前返回长安。裴耀卿和张九龄都觉得当时正处于秋收时节，回西京所过之处官府难免要抽调人手安排接驾事宜，这样恐怕会耽误了各地的秋收，所以他们向唐玄宗建议多留一个月，待各地秋收

完毕，再起程西去。李林甫知道玄宗归心似箭，便在离开前借故迟走一步，待裴耀卿和张九龄走远了，才对玄宗说："东西两宫都是皇家的宫苑，陛下可以自由往来，又何必等待什么时机呢？就算是耽误了秋收，也可以明年用免征沿途郡县赋税的方式进行补偿。陛下放心，我现在就去通告群臣安排行程。"玄宗听了以后非常开心，立即命李林甫全权负责起程事宜。第二天，玄宗就带着文武百官动身西行了。李林甫的这一举动使得龙心大悦，同时，也使玄宗开始对张九龄心生不满。

当年，玄宗打算拜李林甫为相时，曾经问过张九龄的看法。张九龄说："封侯拜相都关系到社稷的兴衰。陛下有意拜李林甫为相，我却担心他以后会成为国家的祸害。"玄宗没有把张九龄的话放在心上，执意将李林甫提升为宰相。因为当时学识渊博的张九龄深受玄宗的赏识，所以，尽管李林甫心里痛恨张九龄，表面上对张九龄却依然百般奉承讨好。

后来，执政几十年的玄宗开始追逐腐朽放荡的酒色生活，疏于朝政。张九龄对玄宗的每一个疏忽或错误都会直言不讳地指出来；而李林甫却恰恰相反，他总是先察言观色，然后顺着玄宗的心意说话，还常常找机会诋毁张九龄。

不久，玄宗打算封范阳节度使张守珪为相，提拔朔方节度使牛仙客为尚书。张九龄坚决不同意玄宗的这个提议，玄宗对此非常生气。李林甫借机搬弄是非。736年底，玄宗把张九龄改封为尚书右丞相。后来，由于张九龄推举的监察御史周子谅弹劾牛仙客，玄宗大怒，又把张九龄贬降为荆州长史。朝中大权落入李林甫的手中，唐朝由此开始走向衰败。

张九龄任职宰相期间，耿直贤明，从不趋炎附势，敢于犯颜直谏。他提出并施行了一系列利国利民的举措，如张九龄认为人民是治国之本，

应鼓励农耕，避免战祸；他主张任用官吏应该选择贤能的有识之士，而不应该任用浮华于世、言过其实的吹嘘者；张九龄还清醒地认识到地方官吏的重要性，规定没有在地方任过职的人不能担当侍郎和列卿等朝中要职；他还提出恢复府兵制，以加强朝廷对军队的掌控。张九龄所提出的这些方针和政策，缓和了多种矛盾，加强了中央集权，延续了开元盛世的年景。

作为一代明相，张九龄目光远大，性格忠直，有"曲江风度"的美誉，成为后世的楷模。作为一代文豪，张九龄的诗歌成就颇高，独具"雅正冲淡"的神韵，对岭南诗派的开创起了启迪作用，也是盛唐山水田园诗派的一位先导，其"海上生明月，天涯共此时"的千古名句流传至今。可以说，张九龄在政治和文化上都取得了突出的成就。

▲（唐）青灰釉褐绿彩菱叶纹瓜形水注
该水注青釉绿彩，上饰菱叶纹，美观大方，是唐代铜官窑的佳品。

◎看世界／大马士革向阿布·阿拔斯投降　　◎时间／750年　　◎关键词／南北两党争斗　伊拉克陷落

唐玄宗统治后期宠信杨贵妃，杨氏家族因此"一人得道，鸡犬升天"。杨贵妃的堂兄杨国忠是一个市井无赖，也凭着与贵妃的亲戚关系，当上了高官。他当宰相期间，横行无忌，大肆揽权，肆意妄为，无恶不作，满朝文武皆敢怒而不敢言。可以说，杨国忠的兴风作浪加速了唐王朝的衰落。

公元618年～公元907年
///////////大唐盛世///////////
杨国忠弄权误国

攀附贵妃，登上高位

杨国忠本名杨钊，是蒲州永乐（今山西芮城）人，从小游手好闲，痴迷于酗酒赌博，所以生活十分拮据，常常外债缠身。杨国忠三十岁时应征入伍，在战场上表现得十分勇猛，但由于难以博得上司的好感，只做了一个下级军官。

没过多久，杨玉环入宫为妃，她的亲姐姐也跟着受宠，地位骤升。杨国忠看准形势，利用亲属关系千方百计地讨得杨家姐妹的欢心。于是，杨家姐妹常常在玄宗面前夸奖杨国忠，让他有机会得到玄宗的召见。随后，杨国忠被擢升为参军，开始了为官生涯。

杨国忠充分把握住杨家姐妹受宠的大好机会，苦心钻营。在宫里，他想尽办法亲近讨好杨贵妃及其姐妹，曲意逢迎；在官场上，他挖空心思奉承朝廷重臣，拉拢关系。每次宫内设宴，杨国忠都留心管理账册，玄宗十分看中他的细心乖巧，便提拔他为监察御史，没过多久又擢升他为工部侍郎，并兼任侍御史。在短短的一年之内，杨国忠就兼任了十五种职务，跻身朝廷重臣的行列。

748年，杨国忠向玄宗提议，让各地官员把官库中的粮食布匹统统卖掉，然后买进其他货物送入京师。同时，他还要求各地把收缴上来的赋税、田租也都兑换成货物充入国库。所以，杨国忠常常向唐玄宗汇报称大唐的国库十分殷实。

749年，玄宗带领文武大臣巡检国库，见国库内果然货物堆积如山。龙心大悦的玄宗立刻对杨国忠大行封赏。此后，杨国忠越来越受器重。

750年，杨国忠上疏说图谶上有"金刀"二字，跟自己名字中的

◀（唐）宝相花镀金银碗

宝相花是我国传统装饰纹样之一，盛行于隋唐时期。一般以某种花卉（如牡丹、莲花）为主体，中间镶嵌形状不同、大小粗细有别的其他花叶。花蕊和花瓣基部用圆珠作规则排列，像闪闪发光的宝珠，加以多层次退晕色，显得富丽、珍贵，故名"宝相花"。金银器、敦煌图案、石刻、织物、刺绣等带有宝相花纹样。

〉〉〉设置剑南节度使，领益、彭等二十五州。

"钊"字暗合，所以请求玄宗改赐新名。玄宗便把"国忠"两个字赐给他作名，暗表"为国效忠"的意思。

杨国忠在官场上平步青云，生活上也开始铺张奢靡。每次随同玄宗和杨贵妃出游华清宫之前，杨家众姐妹都要先在杨国忠的府邸集合，互相夸富比贵。

最开始，杨国忠跟宰相李林甫是彼此利用的关系。杨国忠为了能够升迁，便极力奉承李林甫；而李林甫也想借助杨国忠跟杨贵妃之间的亲属关系巩固自己的地位。但是后来，新旧权贵之间的利益之争使两人的关系完全破裂。杨国忠经常在玄宗面前陷害李林甫，玄宗开始逐渐冷落李林甫。其实，玄宗之所以这样宠幸杨国忠，除了为博取杨贵妃的欢心外，还有趁机限制李林甫手中的权力，为日后派人顶替李林甫做准备的目的。

753年，李林甫去世，玄宗随即提拔杨国忠为宰相。

弄权乱政，死于刀下

753年，关中地带接连遭遇水灾和粮荒，玄宗担心会影响粮食的收成。杨国忠只把长势良好的庄稼拿给玄宗看，玄宗便以为灾荒影响不大。以后每逢地方官员汇报灾情，杨国忠都先让御史严加审讯。久而久之，再也没有人敢说实话了。

杨国忠追求战绩，动不动就对边境的少数民族使用武力，致使无数官兵命丧边疆，同时也扰乱了少数民族地区老百姓的安定生活。

杨国忠为了扩大自己的实力，笼络人心，便以资历取仕，即做官的时间越长，就越能得到重用。依照惯例，如果宰相同时身兼兵部尚书和吏部尚书，那么选仕的工作就应该由侍郎以下的官吏负责，并且选仕要经过非常严格的选拔程序。杨国忠却一手遮天，事先就把要提拔的官员的名字写

在一张纸上，然后让具体办事的官吏按照名单去选仕。如此一来，选仕大权就掌握在杨国忠一个人的手中。此后，唐朝新任官员的素质直线下降。

755年，史上著名的安史之乱爆发了。安禄山借口讨伐杨国忠赫然发动叛乱。在这以前，安禄山根本没把杨国忠放在眼里。杨国忠接手相位后，发现无法收服安禄山，就常常上奏说安禄山野心勃勃，图谋不轨，想要借助唐玄宗的力量铲除安禄山。但玄宗却以为这只是将相失和，并未理会。

此后，安禄山与杨国忠积怨越来越深。而且杨国忠拜相以后，贪财求货，腐败堕落，导致民怨四起。安禄山便打着讨伐杨国忠的旗号兴兵叛唐。

756年夏天，叛军攻占了军事重镇潼关，逼近长安。玄宗听从杨国忠的主张，带领随从仓皇逃向成都避祸。在去往成都的路上，杨国忠被愤怒的唐军将士乱刀砍死。

杨国忠搅乱政局，祸国殃民。安史之乱后，盛极一时的唐朝开始走向衰落，杨国忠难辞其咎。

▲（唐）泉君墓志铭
1922年出土于河南洛阳邙山，现藏中国历史博物馆。志盖篆书"大唐故特进泉君墓志"，阴文字三行，行三字；志文楷书四十六行，行四十七字。拓本一轴，为王德英撰，欧阳通书。志文历述高句丽人泉元德的仕官履历，可补两唐书之不足。

唐玄宗开元初期天下太平，国富民强。然而，玄宗统治后期宠信奸臣，不理朝政，使得奸佞当道，纲纪废弛，军备不整。手握范阳、平卢、河东三镇重兵的节度使安禄山早怀狼子野心，趁此时机兴兵造反，发动了安史之乱，使盛极一时的唐朝元气大伤，从此战祸不断，民不聊生，唐王朝开始走向没落。

公元618年～公元907年
大唐盛世
安禄山与安史之乱

时溃败，张守珪奏请朝廷将其处死谢罪。以往安禄山上朝奏事时，宰相张九龄曾对别人说："日后祸乱朝权的人，一定是这个胡人。"所以，此次见张守珪竟主动为义子请罪，张九龄立即抓住时机，也上疏朝廷，请求把这次出兵失利的安禄山处死，但是玄宗并未准奏。

740年，御史中丞张利贞出任河北采访使，安禄山百般巴结，还用重金贿赂他的手下，以图结

凶残暴戾，因功受封

安禄山是营州（今辽宁朝阳）人，父母均是胡人。其父很早就去世了，他从小跟随母亲在突厥部落里生活，长大成人后，在军队里做了一名小军官。安禄山非常暴戾，而且狡猾奸诈，擅长窥度别人心理。

732年，节度使张守珪派安禄山跟史思明一起带兵讨伐契丹。英勇善战的安禄山对当地的地形十分了解，所以每次都能借助地势以少胜多，大败敌军。因此，他很快就被擢升为偏将。后来，他又因屡战屡胜、骁勇无比而受到张守珪的青睐，张守珪将其收为义子，并授封他为员外左骑卫将军。

四年后，安禄山在领兵征讨契丹

▶安禄山发兵反唐

安禄山反叛之心由来已久，他一直暗中积蓄实力。待到时机成熟，他便打着"清君侧"的旗号，发动叛乱，攻陷东都洛阳，直逼长安。叛乱导致大唐帝国由盛转衰。

〉〉〉吐蕃夺小勃律（在今克什米尔西北部）九城，小勃律首领没谨忙联合唐军大破吐蕃，随后唐封其为小勃律王。

交。多次接受贿赂的张利贞回朝复命时，便在玄宗面前大力夸赞安禄山。果然，没过多久，安禄山就被提拔为营州都督，兼任顺化州刺史。尝到甜头的安禄山在任期间，大肆贿赂过往的使臣。得到好处的使臣们回京后都在玄宗面前褒扬安禄山。听众人如此夸赞安禄山，玄宗越来越欣赏这位新刺史，便开始逐渐对其委以重任。

742年，安禄山奉诏入朝，唐玄宗非常宠信他。744年，安禄山奉命顶替裴宽兼任范阳节度使。此时，与安禄山同流合污的礼部尚书席建侯在唐玄宗面前极力夸赞安禄山大公无私，裴宽与宰相李林甫也点头附和。玄宗心想此三人均为自己平素里极为信任之人，他们的话一定不会错，于是对安禄山更加器重了。

745年，安禄山想求功争宠，便时常派人进犯契丹，忍无可忍的契丹毅然兴兵反唐。随后，安禄山上奏朝廷，请求委派一位边帅统领大军讨伐契丹。当时，李林甫认为文臣拜相会威胁到自己的地位，而番人胸无点墨，则不足为惧。为了维护自己的利益，李林甫便上奏说文臣柔弱，难当此任，而番将威武，定能一战告捷，遂请玄宗选择番将封帅。当时玄宗也有平定边患的愿望，所以便同意了李林甫的主张，拜安禄山为边帅。

讨好贵妃，暗蓄势力

747年，安禄山上朝觐见。玄宗让杨家兄妹称其为兄长，安禄山见杨贵妃如此受宠，便不顾自己年长而认她作养母，以此巴结杨贵妃。从此，安禄山竭力侍奉这位年轻的养母，开始随意进出

▼安禄山献媚

安禄山混迹军营，当上三镇节度使，逐渐飞黄腾达。他耍尽手段谄媚唐玄宗和杨贵妃，却暗藏野心，最终发动叛乱。

皇家后宫。

每次上朝，安禄山都会先拜杨贵妃，然后才去拜玄宗。玄宗对此大惑不解，问他这么做的原因，安禄山回答说："胡人先拜母后拜父。"

安禄山身材肥硕，他平时走路必须有人在旁边扶着，以防止跌倒；骑马上朝时，半路上必须换一次马，如若不然，马就会被累倒。玄宗见他这样臃肿，就问他肚子里装着什么。安禄山趁机拍马屁道："只有一颗忠心罢了。"玄宗听了大笑不已。虽然安禄山体形肥胖，但他在为唐玄宗跳舞

时却异常灵巧，行动自如。

后来，玄宗将安禄山封为郡王，并在长安为他修建了一处跟其他王公贵族府邸不相上下的豪华宅院。安禄山住进去后，玄宗还天天差人陪安禄山宴饮寻欢。

玄宗执政后期，朝纲废弛，军备不整。他重用奸臣李林甫，还因宠爱杨贵妃而大肆封赏杨家亲属。这些人仗势欺人，鱼肉百姓，毁坏纲纪，文武百官虽然愤怒不已，却都不敢得罪他们。而此时的安禄山则瞄准时机，趁众人注意力都集中在杨氏一族身上时，暗中积蓄兵力，招兵买马，蓄谋造反。

发兵叛唐，死于非命

大奸臣李林甫去世以后，杨国忠接替相位。平素里安禄山一直非常瞧不起杨国忠，而杨国忠也非常讨厌安禄山，常常在玄宗面前诬陷安禄山，以致二人的关系异常紧张。

755年冬天，筹备妥当的安禄山打着征讨杨国忠的名号，在范阳兴兵谋反。安禄山带领十五万人马从河北平原出发，一路上浩浩荡荡，军鼓擂动。叛军直逼洛阳，沿途州县官吏有的逃有的降。安禄山的军队一路南行，很少遭遇大的阻击。

安禄山兴兵造反的事情传到长安后，唐玄宗居然不肯相信这个事实，觉得是有人故意造谣生事。直到各地传来紧急战报，玄宗这才慌忙召集群臣商讨对策。最后决定，由大将封常清负责到洛阳招募军队反击叛军。然而，因为临时招募的士兵并没有经过系统的操练，所以，他们在强大的叛军面前一触即溃。没过多久，洛阳就失陷了。

756年，安禄山在洛阳自立为帝，定国号为"燕"，建元"圣武"。同年夏天，叛军在潼关大败唐军，直逼长安。玄宗见势不妙，仓皇逃向成都。

虽然叛军一直所向披靡，但不久后内部就发生了内讧，安禄山被他的儿子安庆绪杀害了。唐军终于等到了机会，趁乱联合回纥援军展开反击，夺回了长安和洛阳两座都城。没过多久，安庆绪也被安禄山的部下史思明杀害。史思明掌握了叛军的统领权后，重整军队再次攻陷洛阳。随后，他也在洛阳称帝，国号仍然是大燕。但是没过多久，弑父的一幕再次上演，史思明也被儿子杀掉了，这场长达近八年的叛乱至此宣告结束。唐朝历经战乱，元气大伤，虽然形式上仍然保持统一，但已经无法掌控地方势力了。不久，叛军余部在北方形成多股割据势力，并逐渐脱离了中央政府管辖，随后，这种分裂趋势开始逐渐蔓延到其他地区。

▲（唐）戴嵩《斗牛图》

戴嵩，唐代画家，擅画田家、川原之景，所绘水牛尤为著名，后人谓其"得野性筋骨之妙"。相传他曾画饮水之牛，水中倒影，唇鼻相连，可见其观察之细致。此图绘两牛相斗的场面，风趣新颖。一牛前逃，似力怯，另一牛穷追不舍，低头用牛角猛抵前牛的后腿。双牛用水墨绘出，以浓墨绘蹄、角，点眼目、鬃毛，生动传神地画出了斗牛的肌肉张力、逃者喘息逃避的憨态、击者蛮不可挡的气势。牛之野性和凶顽尽显笔端。

安史之乱爆发后，叛军打着征讨奸相杨国忠的旗号，一路势如破竹，连战连捷，直逼唐都长安。玄宗闻讯，慌忙带着宫眷离开长安，准备西逃入蜀。军队行至马嵬驿时，士兵们发动兵变，诛杀了杨国忠，并逼迫玄宗缢死了杨贵妃。

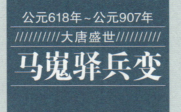

公元618年～公元907年
//////// 大唐盛世 ////////
马嵬驿兵变

叛军逼城，玄宗西逃

755年冬天，安禄山在范阳兴兵，假称奉朝廷密旨发兵征讨杨国忠。当时，不少州县守军还没等叛军兵临城下，竟纷纷望风而逃。于是，叛军一路势如破竹，很快就控制了中原的大部分地区。

次年夏天，安禄山带兵打进潼关，玄宗只好丢下臣民，带着杨家兄妹出长安准备逃往蜀中。这个时候形势十分危急，玄宗让几个宦官先行一步，到前方各州县通知地方官吏安排食宿，准备接驾。

玄宗一行人抵达咸阳后有些失望，当地的县令和玄宗事前派出去的宦官都已经逃走了。他们又走了很久，却始终没有人为他们提供食物和住处。护驾的宦官费尽了九牛二虎之力才从百姓家里要来一些高粱饽饽给众人充饥。那些平日里锦衣玉食的皇家子弟从来没有吃过这样的食物，但饥饿难耐，只好将这些粗粮强咽下肚。唐玄宗刚吃了几口，就难过得流下了眼泪。

就在这时候，一路上奔波劳顿的

随行护卫纷纷表示受不了忍饥挨饿的长途行军，都停了下来，不肯继续上路。护卫们拒绝前进，给太子李亨和陈玄礼消灭杨国忠制造了一个非常好的契机。

将士生怨，杀相缢妃

太子李亨和陈玄礼命人在军中散布言论，说这次叛军谋反的根本目的就是讨伐杨国忠，如果杀掉了杨国忠，叛乱自然就会平息。

这时，恰好有一队去长安朝拜的吐蕃使者路过此地，请求拜会唐玄宗。李亨和陈玄礼便设计，命宰相杨国忠前去接待。等到杨国忠走后，李亨立即派人在军中再次散布谣言，说杨国忠跟吐蕃使者密谋造反。于是，在李亨和陈玄礼的授意下，御林军未经审讯就把杨国忠和那些吐蕃使者全部处死了，同时还诛杀了杨家上下几十口人。韩国夫人、秦国夫人和杨国忠的长子太常卿兼户部侍郎杨暄同遭杀戮，而杨国忠的夫人裴柔带着年幼的孩子同虢国夫人一起逃到了陈仓。后来，

▶ 杨贵妃墓

该墓位于今陕西兴平马嵬坡。据文献记载，唐肃宗至德二年（757），唐军收复长安，玄宗回京，曾密令人将杨贵妃迁葬。因此该墓究竟是原来的墓还是迁葬后的墓，或者只是杨贵妃的衣冠冢，尚无确证。

▲（唐）韩滉《五牛图》

韩滉画五牛以喻自己兄弟五人，以牛的品性来表达自我内心为国为君的情感。此画是以物寄情的典型之作，笔法精妙，线条流畅，形神俱佳，表现出高超的笔墨技巧，是难得的唐画佳作。

走投无路的裴柔在绝望中让虢国夫人用剑刺死了自己，随后虢国夫人也举剑自尽，但她一剑刺下，却没能马上咽气，后来被当地县令捉进大牢，最终因失血过多而亡。

参与马嵬兵变的有两类人：一类是御林军中的普通士兵，他们都觉得安史之乱的始作俑者是宰相杨国忠，应该将其斩首以平民愤；还有一类是东宫太子李亨和御林军的首领陈玄礼等。这一类人是这次兵变的直接策划者。早在长安的时候，杨国忠就与他们不合，双方互相排挤，争夺权势，甚至到了你死我活的地步。逃离长安之前，玄宗本想留下太子李亨监国，让他来解决这次政治危机，但是因为杨国忠和杨贵妃拼命阻拦，玄宗才打消了这个念头。于是，太子李亨失去了一次继承皇位的机会，因此双方矛盾更加尖锐了。此次玄宗逃往成都避难，其实是宰相杨国忠经过深思熟虑才选择的路线。因为成都是杨国忠的控制范围，一旦到了那里，杨国忠就可以为所欲为，甚至"挟天子以令诸侯"，进而挫败所有的政敌。而李亨和陈玄礼意识到了这种潜在的危机。于是，李亨和陈玄礼决定在抵达之前先把杨国忠杀掉。

杀掉了杨国忠以后，士兵们依旧不肯继续前行。玄宗让高力士去问原因，士兵们回答说："祸根还没有除掉。"他们的言外之意是：虽然杨国忠死了，但是他的靠山杨贵妃还留在皇上左右，且深得宠幸。士兵们担心杨贵妃日后会寻机报复，所以提出唐玄宗赐死杨贵妃后才能继续前进。玄宗左右为难，既舍不得杀掉爱妃，又想快点上路。他沉默了很久，才说："深居内宫的贵妃怎么知道宫外的杨国忠企图造反呢？"高力士心里清楚，如果不赐死杨贵妃，就无法抚慰士兵的情绪，于是，他劝说玄宗道："贵妃本身是无罪的，可是现在将士们处死了杨国忠，他们都很害怕贵妃日后寻仇。倘若贵妃不死，他们怎么能安心上路呢？请皇上重新斟酌，将士们安心上路，皇上也就能够逃过这一劫了。"最后，玄宗在迫不得已的情况下，只好忍痛舍弃了杨贵妃。高力士将杨贵妃缢杀后，士兵的情绪才得到安抚。三十八岁的杨贵妃就此香消玉殒，随后被匆匆埋葬，无限凄凉。

杨贵妃的不幸结局使玄宗情绪低落到了极点，随后，他打算把皇位让给一直随行的太子李亨。于是，父子二人在马嵬驿兵分两路。玄宗继续向南进发，去成都避难；而李亨则向北挺进，集合大唐残部。没过多久，李亨在灵武登基称帝，遥尊玄宗为太上皇。

〉〉〉黄河蒲津渡口（黄河的一大渡口，位于今山西永济）架浮桥，铸铁牛为桩。铁牛于1988年出土，被称为"开元铁牛"。

▲（唐）彩绘陶牛

辽宁朝阳唐墓出土。此牛俑威武健壮，辔绳俱全，应为驾辕牛，所驾之车可能是木制，已朽坏不存。

郭子仪，华州郑县（今渭南市华州区）人，唐代中兴名将，是一位杰出的军事战略家，历仕唐玄宗、唐肃宗、唐代宗和唐德宗四朝，均担当要职，安史之乱爆发后更是挺身而出，力挽狂澜，挽救了岌岌可危的大唐政权。郭子仪为人仁厚随和，对国家忠心耿耿，从不计较个人得失，唐朝史官裴垍曾赞他："权倾天下而朝不忌，功盖一代而主不疑，侈穷人欲而君子不之罪。"

公元618年～公元907年
/////////// 大唐盛世 ///////////
中兴名将郭子仪

临危受命，平定叛乱

郭子仪是武举出身，他的父亲郭敬之曾经担任刺史之职。郭子仪精通武略，通过武举考试后补任左卫长上，后又做过几路大军的军使。749年，唐朝在木刺山设置横塞军和安北都护府，郭子仪被封为左武卫大将军，负责统领军队。

安禄山发动叛乱后，没过多久便攻陷了东都洛阳。唐玄宗封郭子仪为卫尉卿，兼任灵武郡太守和朔方节度使，负责带兵东征，抗击叛军。郭子仪带领大军从单于府出发后，攻占了静边军（今山西朔州右玉），斩杀了叛将周万顷，并在河曲打退了叛将首领高秀岩，然后夺回了云中、马邑，开通了东陉关，为唐军日后挥师河北扫除了障碍。后来，郭子仪因战功卓著而被提升为御史大夫。

宦官误军，兵败免职

后来，唐肃宗害怕颇有名望的郭子仪拥兵自重，便不肯把军权交到郭子仪手上。肃宗下令，此后军中不再设置主帅职位，并任命宦官鱼朝恩为观军容宣慰处置使，监管全军。郭子仪带领大军围困了安庆绪据守的邺城，并采取水攻战术——引漳水攻城。此时邺城内粮草不济，一只老鼠居然都能卖到四千钱的高价。这正是攻城的大好时机，可惜唐军群龙无首，没有统一的作战部署，最终错失了攻城良机。

这时，史思明劫走了唐军的粮草，然后采取出其不意、虚实结合的战术攻击唐军。正当唐军与史思明叛军奋力作战时，忽然刮起一阵狂风，战场上立刻飞沙走石，将士们视线模糊，难辨敌我，两军混战，均遭受重创。随后，郭子仪引军退至河阳，护卫东京。

其实，这次唐军出征受挫，完全是鱼朝恩的责任，但他为了逃避处罚，居然推卸说是郭子仪没有全力杀敌。于是，肃宗立刻把郭子仪召回京师，并收回了他的兵权。随后，肃宗又任命李光弼为天

▶郭子仪像
郭子仪（697～781），唐代著名的军事家。郭子仪一生仕玄、肃、代、德四朝，是唐代中期重要的军事、政治人物，他在河北大败史思明，功居平乱之首。

下兵马副元帅，取代了郭子仪。以致当时大唐王朝在内忧外患中痛苦挣扎，而郭子仪却赋闲在京无事可做。

重掌军权，平叛安边

762年春天，绛州因军饷难以为继，军心动摇。其中一位将领王元振以兵士想念郭子仪为由制造兵变，斩杀了都统李国贞。见将士兵变，肃宗立刻把郭子仪提封为汾阳郡王，并命他以朔方、河中、北庭、潞、泽等州节度行营的身份，兼任兴平、定国等军副元帅，把守绛州。郭子仪虽然再度被启用，但他并没有因此而宽恕帮助自己重回军中的王元振。他先是严厉地谴责王元振斩杀主帅为敌军制造了偷袭机会，然后又将王元振等四十多位合谋者斩首示众。随后，郭子仪全力解决军队供给问题，稳定了军心。

不久，唐代宗继承大统，把大批的边疆守军调回中原，以镇压安史之乱。这时，西部的吐蕃和党项等族趁机向东扩张，占领了凤翔以西、邠州以北的大部分地区。郭子仪意识到任其发展可能造成严重后果，便上奏请求朝廷重视边患问题，代宗却没有理会。

763年秋天，吐蕃举兵东侵，代宗这才开始重视边疆问题，急命关内元帅雍王李适和副元帅郭子仪领兵镇守咸阳御敌。但由于郭子仪此前长期闲居京城，手下没有常备军，只好临时征募了两千多人开赴咸阳，而这两千多人对阵二十多万敌军，显然是螳臂当车。郭子仪于是向代宗求兵增援，但因宦官程元振故意从中作梗，代宗并没有接到求援信息。

吐蕃兵临长安，代宗慌忙逃往陕州。郭子仪沿着秦岭向东进发，一路收整唐军散兵，最后在商州驻扎下来。郭子仪料到从商州到蓝田一带有唐军镇守，吐蕃必定不会贸然东行，在陕州避难的代宗并不会受到威胁。因此，郭子仪命令守军白天四处插旗播鼓，制造声势；晚上到处点燃篝火，迷惑敌人。与此同时，他还命几百人晚上在长安城内敲鼓呐喊，并放出郭子仪即将领兵增援的消息。吐蕃大军被这浩大的阵势吓得慌乱不安，便仓皇引兵西撤。

同年冬天，代宗返回长安，郭子仪等列队接驾。代宗惭愧地对郭子仪说："如果我能早点起用你，就不会有这场祸患了。"此后，郭子仪的威望更盛。

平定了安史之乱以后，河东节度使辛云京怀疑郭子仪旧将仆固怀恩跟回纥和吐蕃串通谋反，便密奏朝廷举报此事。仆固怀恩知道自己已被怀疑，所以不敢奉诏回

▲（唐）彩绘陶鸡
辽宁朝阳唐墓出土。以猪、狗、羊、鸡等动物殉葬是汉代以来的葬俗，唐代仍很盛行。

◎**看世界** / 林邑改国名为环王　　◎**时间** / 758年　　◎**关键词** / 占城 占婆 占不劳

▲（唐）彩绘骑骆驼陶俑

通高四十六厘米，辽宁朝阳唐鲁善都墓出土。唐墓中大量骆驼俑的出现，反映了唐代中西交往的频繁。骑骆驼者的造型、神态皆类于中原人。骆驼昂头摆尾，神气高扬，骑者侧身而坐，神态自然而生动。

"如今那些旧将如狼似虎，父亲此去岂不是自投罗网！"郭子仪回答说："从现在的局势来看，如果交战，我们父子必死无疑，国家也将蒙难。但倘若我诚心去劝降，或许还有一线生机，也可免了一场灾祸。如若不然，就只能用我一个人的性命去换取全局的稳定了。"此时，仆固怀恩觉得自己骑虎难下，只好兴兵叛唐。

郭子仪抵达汾州，回纥军非常惊讶，回纥大元帅站在军前挽弓搭箭。郭子仪卸下铠甲，扔掉长枪，骑马缓步向前行进。回纥军各将领交首示意："没错，正是郭子仪！"于是，纷纷下马叩拜。郭子仪也下马走上前来，握着回纥大元帅的手轻声埋怨他不该举兵进犯大唐。

二人经过一番沟通，尽释前嫌，回纥大元帅还应允出兵帮助大唐攻打吐蕃军，郭子仪便拿出美酒与回纥大元帅同饮。郭子仪大喊："有爽约者，身葬沙场，全族遭绝！"回纥大元帅也同样立下了誓言，两军将士大喜过望。

吐蕃军见大唐回纥已结盟约，自己势单力薄，恐怕得不到便宜，只好趁着夜色逃匿了。

郭子仪一生征战，功勋昭著，直到八十四岁才解衣卸甲，他"权倾天下而朝不忌，功盖一代而主不疑"，天下人无不敬服。

京。于是，代宗向郭子仪询问除掉仆固怀恩的对策。郭子仪提出仆固怀恩的手下兵卒都是自己的旧部，他愿意出马统率这路大军，这样仆固怀恩就束手无策了。

郭子仪的儿子郭晞闻讯，惊恐地对父亲说：

〉〉〉唐朝正式承认大同江以南之地属新罗。

安史之乱爆发后，本是安禄山部将的颜杲卿毅然带兵抗击叛军，尽管他势单力薄，没能抵抗多久，但却为唐廷赢得了调兵遣将的宝贵时间。可以说，李唐政权之所以在安史之乱初期没有迅速瓦解，与他这样大义凛然的忠义之士关系甚密，而他们忠心为国、临危不惧的精神品质，也永远值得后人尊敬。

公元618年～公元907年
//////////大唐盛世//////////
颜杲卿舌断骂贼

组织力量，抵抗叛军

颜杲卿是京兆万年（今陕西西安）人，字昕。他是唐代著名书法家颜真卿的堂兄，二人同为大儒颜师古的五世从孙。颜杲卿的父亲颜元孙曾经就任濠州刺史。

755年，安禄山兴兵叛唐以后，常山太守颜杲卿是发兵抗击叛军的第一人。颜杲卿原本是安禄山的部将，安史之乱爆发后，他就开始组织兵马抗击叛军。当叛军抵达藁城时，他已经召集了一千多名勇士。颜杲卿深知以自己的实力不足以

抵挡来势凶猛的叛军，经过深思熟虑以后，决定跟部下官员袁履谦假装归降叛军。

起初，安禄山并没有对颜杲卿的归降起疑心，依旧命他把守常山。但是老奸巨猾的安禄山还是按照惯例把颜杲卿的儿子和侄子带回军中做人质，然后派出亲信据守井陉关留心颜杲卿的一举一动。

于是，颜杲卿假称疾病缠身，闭门不出，暗地里却让儿子分别联络太原守将王承业和平卢节度副使贾循，约定等待时机杀进安禄山的根据地幽州。然后他又让侄女婿藁城尉崔安石在半路截杀准备去范阳带兵的安禄山亲信高邈。

后来，颜杲卿假意邀请安禄山的干儿子李钦前来探讨军务。此时，颜杲卿的堂弟平原太守颜

▼（唐）蔓草鸳鸯纹金碗

纯金锤锞，广口，弧腹，圆底，圈足为喇叭形，外壁上锤錾有上下交错两层莲瓣。上层以动物纹修饰，如鸳鸯、鸭、鹦鹉、狐狸等，下层装饰以忍冬花。莲瓣空白处则布满云纹和各类飞禽，它们全都惟妙惟肖，充满生机。这件金碗是唐代金银工艺品中的杰作。

真卿已经在平原兴兵，杀掉了安禄山的使者段子光，还让外甥卢逖到常山联络颜杲卿。颜杲卿闻讯非常高兴，可他表面上却装得异常平静，因为这时李钦已经抵达常山城外。颜杲卿借口天色太晚，不便打开城门，请李钦到驿外暂住。随后，颜杲卿派人给他送去毒酒，李钦饮酒后中毒暴毙。

安禄山带领大军渡过黄河攻占洛阳以后，颜杲卿决定出兵抗击。这时，颜真卿已经募集了一万多的兵力，便差人联络颜杲卿，让他发兵占领井陉关，以堵死安禄山的退路。

部署完毕后，颜杲卿探知把守井陉关的叛将嗜酒如命，于是他便派人假传安禄山的口令，送去酒饭表示慰问。颜杲卿等到叛将酒足饭饱，醉得不省人事时，将其斩杀，然后带兵占领井陉关。

颜杲卿成功夺取了井陉关，大大地鼓舞了士气。第二天，将士们又活捉了两员叛将。随后，颜杲卿差人分头通告河北各郡的官吏称："朝廷已经调派了三十万人马剿伐叛党，目前大军正从井陉关出发，不日将抵达各郡县。受安禄山逼迫反唐的，早归降者将给予封赏，执迷不悟者将诛杀九族。"

各郡县的官吏听了这番话，纷纷响应颜杲卿。于是，河北大部分郡县很快又都倾向于唐军一方。

这时，安禄山正打算向潼关方向进

◀（唐）陶老妇侍俑

江苏无锡东郊江溪陶村墓葬出土。唐代雕塑不仅形体华美，各阶层人物形象栩栩如生，内心世界也刻画得入木三分。此女侍俑，虽没有社会地位，衣着也十分简朴，但仍显出悠然自得的神态。

军，却听说颜杲卿攻占了井陉关，河北各地已经改旗易帜，他不得不临时改变计划，领兵回到洛阳。

随后，安禄山在洛阳建立大燕国，自封为帝，并命大将史思明和蔡希德各带一万兵力分为两路夹击颜杲卿。

尽管颜杲卿最初抵抗叛军时取得了几次胜利，但毕竟他兴兵时间不长，兵力不强，再加上常山附近的防御工事还没有修建好，所以，处于劣势的颜杲卿只好差人向太原方面请求支援。然而，太原守将王承业却不愿意发兵支援。

兵败被俘，喷血骂贼

史思明带领大军袭击常山。颜杲卿率领军民奋力抵抗，无奈实力悬殊，再加上给养不足，兵力不够，常山最终陷落。史思明进入常山后，居然放纵手下残杀了一万多名常山军民，然后才把颜杲卿和袁履谦押解到洛阳让安禄山处置。

安禄山让士卒把颜杲卿带到面前，斥责颜杲卿道："你原本只不过是范阳的一个小官，是我一手提升你为太守的，我什么事有负于你以致你要背叛我？"

颜杲卿大义凛然地说："你本是营州放羊的羯奴而已，窃得天子恩宠，天子有什么事亏待你以致你要反叛呢？我颜家世代忠良，恨不能杀你报答天子，怎能跟你一起谋反呢？"

安禄山大发雷霆，命手下人将颜杲卿绑在天津桥的柱子上，然后让刽子手一刀一刀地割他身上的肉，并把割下来的肉喂给他吃。他的鲜血染红了桥面和河水，可忠肝义胆的颜杲卿不但不叫一声疼，仍在怒骂安禄山的种种恶行。

于是，安禄山又让刽子手把他的舌头割下来，颜杲卿满口鲜血，依旧怒骂不止。最后，颜杲卿惨遭肢解而死，终年六十五岁。而另一位忠义之士袁

履谦也未能幸免于难，同样被斩断手脚而亡。

颜杲卿为国捐躯后，张通幽害怕其他人知道自己的哥哥张通儒为安禄山卖命的事情，便隐瞒了颜、袁二人为国捐躯的真相，贾循也是缄默不语，所以，颜杲卿没有得到追封赏赐。唐肃宗登基以后，颜真卿数次上疏喊冤，直到后来李光弼和郭子仪夺回了常山，肃宗才知道事情的真相。于是，肃宗杖杀了张通幽，并追封颜杲卿为太子太保，特许将其埋葬在凤栖原。

颜杲卿是抵抗安史叛军的第一人，尽管他从起兵到兵败时间不长，但是他所领导的抵抗行动，成功地拖延了敌军西行的步伐，为朝廷调派兵力、部署反击赢得了宝贵的时间。同时，他义无反顾地抗击叛贼的精神，也极大地鼓舞了各地官民抗击叛军的决心。

▲颜杲卿画像

安史之乱平定后，唐朝元气大伤，朝廷无力追究叛军旧部的罪责，只能采取姑息政策，委任他们的首领为节度使。田承嗣本是安禄山的旧部，向唐朝投诚以后，又在唐军著名将领仆固怀恩的帮助下得以割据一方，成为藩镇节度使中的代表人物。田承嗣首开河北三镇割据称雄的风气，为唐王朝走向衰亡埋下了伏笔。

公元618年～公元907年
//////////////////////////
大唐盛世//////////////////////////

田承嗣首开割据风

叛将部下，追随安史

田承嗣出身军人世家，他的祖父和父亲都是军队将领。唐玄宗执政中期，田承嗣在安禄山的手下任卢龙军前锋兵马使，因战功显赫又被提拔为武卫将军。他治军严谨，有勇有谋，颇得安禄山赏识。

755年，安禄山兴兵反唐，作为主将之一的田承嗣随军南下。一路上，叛军接连攻陷城池，所向披靡。在攻陷了荥阳郡以后，安禄山封田承嗣为行军前锋，继续向唐朝东都洛阳逼近。其后，田承嗣带领人马在洛阳东郊大败唐朝名将封常清，并顺势占领了洛阳。

756年，安禄山在洛阳自立为帝，随后派兵到处掠杀。当时唐朝著名将领鲁炅正镇守南阳，叛将武令珣几次进攻此地都以失败告终。757年春，田承嗣奉命带领大军支援武令珣。此时南阳城已经被叛军围困了很长时间，城中的军饷粮草都得不到及时供应。田承嗣趁机一举攻陷了南阳。鲁炅带领人马突出重围，退守襄阳。田承嗣连续追击两天，见一时难以攻下襄阳，便撤军了。

同年冬，唐军奋力反击，先后夺回两京。安庆绪仓皇逃到邺城，形势出现逆转。田承嗣见大势不妙，立刻派人向唐将郭子仪求降，之后又反悔，带领手下士兵离开颍川，改同驻守南阳的武令珣会师，北上支援邺城。

758年秋，郭子仪带领人马围困卫州，安庆绪兵分三路前去增援。崔乾祐带领上军，田承嗣带领下军，安庆绪带领中军，奔赴卫州，但三路援军都被郭子仪打败，安庆绪只好退守邺城。郭子仪等九名节度使带领二十多万大军，立即把邺城围得密不透风。

759年春，史思明从范阳带领十万大军南下，准备支援安庆绪。一个月后，叛军在安阳河北与唐军展开大战。唐军军中没有设置统帅，所以缺乏统一的指挥者，不能联合作战，最后，唐军溃败。形势扭转，叛军又重振声势。后来，史思明杀掉了安庆绪，接管了他的部队，而田承嗣等人也纷纷归顺史思明旗下。史思明在掌握叛

▶（唐）人俑

唐朝国家统一，经济繁荣，风气更加开放，服饰也更华丽。唐代女装的特点是裙、衫、帔（披在肩背上的服饰）统一。在妇女服饰中，出现了开胸衫。

〉〉〉著名雕塑家杨惠之去世。他与画家吴道子齐名，被人们尊称为"雕圣"。代表作品有《塑诀》等。

军军权后，迫不及待地领军返回范阳自立为帝。

同年秋天，史思明又一次发兵攻打洛阳，前锋田承嗣再度拿下洛阳，并被授予魏州刺史。760年冬天，史思明命田承嗣攻打淮西，田承嗣占领睢阳后升任为睢阳节度使。762年秋天，唐军在回纥军的增援下，对叛军再次发动反攻，夺回了洛阳。田承嗣与史朝义连连败退，逃到莫州。

对抗朝廷，称霸一方

763年初，唐军陆续收回了全国的大部分州郡。田承嗣眼见叛军势力渐弱，便接受唐将仆固怀恩的招抚，摇身一变成为唐朝官吏，后升任魏博节度使。

朝廷没有精力监管各地节度使，又深恐他们不安分守己，再造祸患，便极力满足他们的各种要求。唐代宗甚至还把永乐公主嫁给了田承嗣的儿子，使两家结亲，互相牵制。可田承嗣在辖区内征重税，修城池，备兵甲，并且强令所有壮年入

▲（唐）怀素《食鱼帖》
《食鱼帖》字体极为瘦削，骨力强健，其书法华丽圆润，放逸而不张狂，笔墨动人精彩，使转灵活，提接得当，是现存怀素传世作品中的佳作之一，弥足珍贵。

伍，在短短的几年里就已经征兵十万。他拥有大量兵力，自己委任辖区内的各级官职，也从不向朝廷纳贡，完全是一个小型的独立国。

773年秋天，田承嗣居然打算为安禄山和史思明修建祠堂，唐代宗得知此事，并没有太责备他，只是让他尽早毁掉祠堂。田承嗣发觉朝廷拿自己没办法，更加狂妄。775年初，田承嗣发兵攻打相州。朝廷立刻告诫田承嗣不准越境，田承嗣充耳不闻，依旧派手下人攻城夺地。同年春天，唐代宗下令征讨田承嗣。朝廷决定征讨田承嗣的诏书下达以后，各地节度使纷纷响应。而田承嗣并不愿意坐以待毙，他采取以攻为守的战略。一年后，田承嗣的势力并没有被削弱多少。

779年，七十五岁的田承嗣病逝。田承嗣是安史叛军中的一员猛将，骁勇善战，狡诈多变。归顺唐朝以后，田承嗣成为藩镇群雄中最具霸气的节度使，他不但赫然出兵夺取州郡，还明目张胆地与朝廷作对，首开河北三镇割据称雄的风气。

▲（唐）金花鸳鸯银羽觞
此银羽觞1970年出土于西安南郊何家庄的唐代窖藏坑，椭圆形口，双耳如翼，浅腹。锤击成型。器内外满饰鱼子地纹，器底刻宝相花或团花，内壁饰枝蔓流畅、花繁叶茂的忍冬花四株，耳面上各刻小团花一朵。器表腹侧錾莲花座，其上立鸳鸯，配忍冬卷草纹。器腹两端各饰振翅短鸳鸯一对，亦有莲座。所有花纹皆为鎏金。

〉〉〉著名诗人王之涣去世。王之涣为人豪放不羁，常击剑悲歌。其诗多被当时乐工制曲歌唱，名动一时。代表作有《登鹳雀楼》《凉州词》等。

742年

仆固怀恩本是唐王朝平定安史之乱的功臣，在唐朝中兴之将中，他的功劳仅次于郭子仪、李光弼。这一时期朝政腐败，宦官当道，皇帝与大臣各自心生嫌隙，终于使股肱之臣变成乱臣贼子。中唐时，朝廷内有藩镇作乱，外有吐蕃虎视，仆固怀恩的叛乱加剧了这种内外交困的形势。

公元618年～公元907年
//////////////大唐盛世//////////////
仆固怀恩反唐

参与平叛，军中猛将

仆固怀恩，铁勒族仆骨部人，勇猛坚毅。安史之乱初期，他听从郭子仪的调派参与到了平叛的战斗中，他当时的职位是朔方左武锋使。

755年秋，唐军大破叛将高秀岩，攻占静边军（今山西朔州右玉）。同年冬，叛将薛忠义带兵反攻，仆固怀恩和李光弼等将领在郭子仪的指挥下，将叛军杀得丢盔卸甲。叛军七千多人阵亡，其大将周万顷也被杀。静边军之战是唐军镇压安史之乱的首捷。

756年，仆固怀恩在常山、赵郡、沙河、嘉山等地，数次协助李光弼大破史思明的叛军。初夏，唐肃宗李亨在灵武登基，仆固怀恩又追随郭子仪，前去保护新皇帝。同年秋，几万番兵在叛将阿史

▶（唐）三彩双鱼瓶
三彩陶器是唐代陶瓷由素雅向华丽嬗变的代表性工艺品，以绿色釉为主，辅以黄、褐、白、翠绿、蓝等多种色彩，色彩精美，浸润光泽，自具特点。此瓶为连体式双鱼形造型，小口，鼓腹，高圈足，两侧有鳍形装饰，上端有横贯耳，可系绳索，便于携带。侧视为双鱼形，俯视为四鱼状，可能寓意"事事如意"。

那从礼的蛊惑下，到经略军聚集，向灵武发起猛攻。仆固怀恩在郭子仪的指挥下，奋力反击。初战中，他的儿子仆固玢被叛军俘虏后投降，不久又偷跑回唐营。仆固怀恩对着儿子大骂，然后将其斩首。唐将无不凛然，打仗时愈发勇猛，屡败敌军。然而唐军因兵微将寡，渐渐支持不住。肃宗于是命仆固怀恩与敦煌王李承寀同为使者去回纥借兵。仆固怀恩不辱使命，完成了任务。

757年春，在郭子仪指挥的收复河东的战斗中，仆固怀恩与郭子仪之子郭旰同为先锋，连续占领冯翊、河东，大破叛军主将崔乾祐。永丰仓一役，唐军再次大胜，斩杀叛军一万多人，遗憾的是，郭旰战死沙场。之后安庆绪发重兵前来救援，唐军在潼关与叛军大战，最终战败，死伤无数。仆固怀恩趁乱退到渭河，游水过河，得以返回河东。同年秋，唐军在新店与叛军对阵。仆固怀恩旗下回纥精兵勇猛无敌，立下汗马功劳。此役叛军大败，被斩、被俘者十万余人。收复洛阳后，仆固怀恩被封为丰国公。

758年夏，仆固怀恩受唐肃宗之命，继续指挥回纥方面新派来的三千骑兵。同年秋，他跟随郭子仪渡过黄河平叛，大败敌将安太清、安庆绪。仆固怀恩骁勇善战，在数次战役中都充当先锋。

751年

▲（唐）三彩牵骆驼俑

秦安叶家堡出土。唐代时河陇地区经丝绸之路来中国内地通商的胡人不绝于途。这个胡人穿翻领紧身大衣，正牵着骆驼在浩瀚的沙海中跋涉。

居功自傲，借兵反唐

762年秋，远嫁回纥和亲的仆固怀恩的女儿被立为王后，因此回纥主动派兵协助唐军征讨史朝义。雍王李适和仆固怀恩受唐代宗李豫之命，分别担任行营元帅、副元帅，带兵向洛阳前进。之后，在洛阳城外，唐军与史朝义率领的叛军展开激战，叛军受到重创，自此以后再也无力举事。李适和仆固怀恩继续追讨叛军，势不可当。史朝义山穷水尽，终于在763年自尽，安史之乱至此彻底平定。仆固怀恩因战功卓著，被加封为河北副元帅兼朔方节度使。

不久，仆固怀恩又被唐代宗加封为太保，其画像也被供奉于凌烟阁。只是仆固怀恩仍然不满足，又将被人诬陷谋反的事情告知朝廷，朝廷却

听而不闻。于是他再次向皇帝上书，用语甚为偏激，还将自己的六大功劳说成是六大罪状。秋天，吐蕃攻进长安，代宗退至陕州，召仆固怀恩发兵勤王，但仆固怀恩却对诏书置之不理。

764年，仆固怀恩决意发动叛乱，其子仆固玚受命出兵，战败一场后又发兵攻打榆次。正月二十日，唐代宗命郭子仪觐见，让他解除榆次的威胁。叛军听得郭子仪大名，军心大乱，仆固玚本人也被兵变的士兵杀死。其后，代宗颁诏书免去仆固怀恩其他职务，封他为大宁郡王，令他觐见，而他不为所动。

同年夏，回纥、吐蕃在仆固怀恩的诓骗利诱下联合起来，发兵十余万骚扰唐王朝的边境。郭子仪奉命反击。至秋天时，吐蕃军威胁邠州，郭子仪命长子郭晞率兵前往支援。邠宁节度使白孝德大败仆固怀恩的先头部队。

765年秋，回纥、吐蕃、党项、吐谷浑、奴剌等部在仆固怀恩的利诱下，又一次联合出兵，大军号称三十万。吐蕃军由北道进逼奉天，党项军取东道威胁同州，吐谷浑、奴剌从西道攻打盩厔。仆固怀恩部队则尾随在回纥军之后，与其一同跟在吐蕃军后面。仆固怀恩行军到鸣沙时，暴病而亡。郭子仪看准时机，单枪匹马入回纥军营，成功游说回纥可汗，使其答应与大唐缔盟，之后双方一起大败吐蕃。

仆固怀恩病死后，他旗下大将张诏登高一呼，带领叛军继续作乱。不久，张为另一将领徐璜玉所杀，徐又死于范志诚之手。之后，叛军陆续归降朝廷。仆固怀恩之乱持续三年，终得平息。

在平定安史之乱的过程中，仆固怀恩骁勇善战，每一次战役，他都一马当先，他家族中也有不少人为国捐躯。但他后来发动叛乱，两次利诱番兵大肆进攻中原，对国家和百姓犯下了不可饶恕的罪行。

唐德宗名李适，是唐代宗李豫之子。他在位期间，发愤图强，整饬吏治，提倡节俭，整顿财政，施行两税法，大大充实了国库。为强化中央集权，德宗确定了以藩制藩的战略思想，力图一举结束藩镇割据的局面。无奈德宗徒有削藩之志，却无任何能够付诸实践的策略，光是固执地坚持军事打击，致使战火四处蔓延，却没达到削藩的目的。

公元618年～公元907年

/////////大唐盛世/////////

唐德宗削藩

讨伐藩镇，收效甚微

763年，叛将史朝义占领东京洛阳，李适受代宗之命担任天下兵马大元帅，统率大军征讨史朝义。很快，河北被平定。779年，李适登基，三十七岁的他正值壮年，踌躇满志，急欲复兴大唐。

平定安史之乱后，唐王朝内外交困，其中最大的威胁还是藩镇割据势力。当时，以河北和淮西的藩镇实力最为雄厚，不仅有自己的军队，还建起了官僚体系，在各自的辖境征税，却不向朝廷上缴，甚至狼狈为奸，一起跟朝廷作对。肃宗和代宗在位的时候，朝廷无力削藩，因而总是一味妥协。

德宗见藩镇越来越嚣张，再也不愿忍气吞声，于是决意削藩。780年，他采取宰相杨炎提出的措施，颁布两税法，以充实国库，为削藩积攒经费。

781年夏，魏博镇节度使田悦向邢州和临洺进军，向朝廷挑衅。德宗命神策先锋都知兵马使李晟与河东节度使马燧、昭义节度使李抱真领兵支援临洺。不久，另一节度使梁崇义不遵朝廷旨意，拒绝招安，德宗便命李希烈带兵征讨梁崇义。杨炎提出异议，说李希烈心狠手辣，翻脸不认人，不能承担重任。可德宗却听不进去。

夏末，李晟、马燧、李抱真等将领在临洺大破田悦军队。与此同时，官军又于徐州大破魏博、淄青大军。当时平卢、淄青节度使李正己刚死去不久，其子李纳自作主张取而代之，被官军重创后，退到濮州。随后，德宗让卢龙节度使朱滔讨伐成德节度使李惟岳，李惟岳失利，败走恒州。

◀南禅寺大殿

南禅寺正殿外观秀丽，形制古朴，重建于唐德宗建中三年（782），是我国已知的现存最古老的唐代木构建筑，堪称国宝。

◎看世界/日本迁都平安京（京都）　　　◎时间/794年　　　◎关键词/平安时期

▲（唐）李邕《麓山寺碑》

《麓山寺碑》亦称《岳麓寺碑》，李邕撰文并书，唐开元十八年（730）立，在湖南长沙岳麓公园。行楷书二十八行，满行五十六字，碑额阳文篆书"麓山寺碑"四字。此为李邕行楷书的代表作，笔法挺拔，气势纵横。

德宗令成德降将张孝忠担任易、定、沧三州节度使，王武俊担任恒、冀二州都团练使，康日知担任深、赵二州都团练使，同时，令朱滔主管德、棣二州。此举一方面意在封赏功臣、降将，另一方面也可削弱、分散藩镇的实力。

不料，王武俊心有不甘，觉得自己立头功，受到的赏赐却跟康日知一样，还不如张孝忠，因此坚决不赴任。朱滔想得到深州，也已派兵驻守，不愿跟康日知交接，对德宗的命令也有微辞。德宗的任命反而使朱滔、王武俊跟田悦、李纳串通在一起，他们联合起来与朝廷作对，战火继续蔓延。

朱滔给哥哥、凤翔节度使朱泚写信，约他起兵造反。信落到马燧手里，德宗就把朱泚召到京城，软禁起来。同时令朔方节度使李怀光辅佐马燧进军河北三镇。李怀光迎战一胜一败，双方战斗进入胶着状态。起兵谋反的头领约定一起称王，公然打起反抗朝廷的大旗。

而李希烈自打败梁崇义后就不再理会朝廷命令，还自封为天下都元帅。他命手下烧杀抢掠，同时围攻郑州，进逼东都洛阳。不久，因德宗指挥不力，官军屡战屡败。官军无力削藩，藩镇亦无力进攻，两方开始相持不下。

纵容宦官，宠幸奸臣

唐德宗宠信宦官是有原因的，泾原兵变发生时，有两个分别叫作窦文场和霍仙鸣的宦官因护驾有功，之后便开始统领禁卫军。

兴元初年，唐德宗令窦文场担任神策军左厢兵马使，从此宦官开始染指兵权。德宗回京后，对很多久经沙场的将领心存芥蒂。这些人中只要有兵权的，全被德宗免职，窦、霍二人受命统领神策军。

796年，唐德宗专设护军中尉之职，命窦文场担任左神策护军中尉，霍仙鸣担任右神策军中尉，两人一同指挥神策军。后来，神策军人数增加到十五万，从此，"窦、霍之权振于天下，藩镇节将多出禁军，台省清要时出其门"，为晚唐宦官把持朝政、掌控兵权、行废立之事留下了隐患。

建中年间，唐德宗器重奸相卢杞，致使颜真卿等良臣惨遭杀身之祸，天下更加动荡。

贞元年间，唐德宗重用佞臣裴延龄，命其掌控财政大权。裴延龄阴险狡诈，阳奉阴违，只顾满足德宗贪欲，肆意搜刮民脂民膏。宰相陆贽上书极言裴延龄之狡猾、骄纵，说他根本不堪重任。陆贽言辞恳切，可德宗却充耳不闻，还将陆贽等人全部贬出京师。

799年，唐德宗令常州刺史李锜担任浙西观察使兼诸道盐铁转运使。李锜对百姓极尽剥削之能事，然后用搜刮之物巴结天子。他恃宠而骄，胡作非为，偷窃国库钱物。当时，浙西百姓崔善贞到长安举报李锜罪行，德宗居然抓了他交给李锜处置，崔善贞随后被李锜派人活埋。从此，谁也不再举报李锜。

805年，唐德宗病死。他自认为有所建树，实际上不但未使天下归于安宁，还让国家再次陷入动荡之中。

◎看世界/法兰克查理大帝加冕，称罗马皇帝　　◎时间/800年　　◎关键词/拜占庭求和

唐宪宗名李纯，他在位期间对政治黑暗、藩镇林立的动荡局势进行了大刀阔斧的改革，并取得了显著成效，使日渐衰败的大唐呈现出中兴气象。但宪宗统治后期，信任并重用宦官，也为唐末宦官专政局面的形成埋下了祸根。

公元618年～公元907年

//////////////大唐盛世//////////////

唐宪宗元和中兴

▲（唐）佚名《各国供养人》（局部）

此图是《维摩诘图》一部分，描述维摩诘与文殊师利辩法之时，各国供养人皆往探视、恭敬礼佛的神情。供养人中有昆仑奴、婆罗门、西域胡人等。他们戴不同的帽子，着式样、色泽各异的服饰。画家用细腻的画风，将浓郁的生活气息尽现于画之上。

重用人才，打击藩镇

唐宪宗是唐顺宗的长子。他七岁时，祖父德宗皇帝曾将他抱在膝上，问："你是谁家的孩子，为什么在我怀里？"他回答说："我是第三天子。"德宗对他的回答感到很惊异，由此非常宠爱他。

788年，李纯受封广陵郡王。805年4月，被立为太子，四个月后登基。

宪宗是一位奋发有为的皇帝，他即位后，励精图治，效法历代明君，积极治国理政。为了扭转当时朝廷势弱、藩镇势强的局势，他改变了过去朝廷对藩镇的姑息政策，重用人才，平定藩镇叛乱，终使"中外咸理，纪律再张"，唐室出现了"中兴"的盛况。

806年，剑南西川节度使韦皋因病去世，他的属下刘辟自行接替节度使之职，并要求皇帝允许他兼任三川节度使。宪宗没有答应，刘辟就公然起兵，围攻东川，反抗朝令。宰相杜黄裳力主出兵征伐叛军，宪宗采纳了他的建议，马上命左神策行营节度使高崇文统率五千步骑为前军，神策京西行营兵马使李元奕率两千步骑为次军，连同山南西道节度使严砺一道征讨刘辟。不久，高崇文攻取成都，活捉刘辟，将其押往长安，并消灭了他的党羽。镇压刘辟之乱后，宰相杜黄裳入朝，宪宗对他说："这都是你的功劳啊！"

807年夏，镇海节度使李琦怕朝廷猜疑他有犯上作乱之心，请示入朝为官。宪宗同意后下令征调李琦的军队，并封他为右仆射。但此后，李琦却总是谎称有病而迟迟不至。门下侍郎兼翰林学士武元衡提议削藩，强调不可以纵容藩镇，得到了宪宗的赞同。

同年秋天，宪宗下旨任命李琦为尚书左仆射，由御史大夫李元素接替李琦出任镇海节度使。李琦抗旨不遵，宪宗下令罢免李琦官职，委任淮南节度使王锷率军前去讨伐李琦。李琦溃败，并被押解回京城腰斩。

812年初秋，魏博节度使田季安辞世，按旧例，应由其子田怀谏袭位。是时，怀谏年仅十一岁，不能统军，军务由他的家僮蒋士则等人掌管。宪宗在与诸位宰相讨论魏博节度使之事后，打算让左龙武大将军薛平任郑滑节度使，以牵制魏博

>>>史朝义自缢，余党降唐。安史之乱结束。

◎**看世界**／拜占庭女皇被废 　　　　　　　◎**时间**／802年 　　　　　　　◎**关键词**／伊林娜

▲（唐）四足提链铜香薰
唐时焚香之器。铜质，带盖，四足，附提链。造型古朴，大气稳重，为唐时新兴的式样。

方面的势力。此外，宰相李绛还提议利用藩镇之间的矛盾收抚魏博，也得到了宪宗的认可。

不久，蒋士则等人发动叛乱。军官田兴清晨入军府时，被数千名士兵团团围住，士兵们向他跪拜，恳请他担任节度使。田兴惊恐万分，不想接受，但见士兵久跪不走，便问他们："你们能听从

我吗？"众人齐呼："唯命是从！"于是，田兴斩杀了蒋士则等十余人，将田怀谏迁到了外地。

接下来，魏博监军将这件事禀报给宪宗，宪宗立即任命田兴为魏博节度使。宰相李绛又提议说："若借此机会嘉赏魏博的士兵，一定能笼络军心。"宪宗采纳他的意见后马上派裴度到魏博，

赐给当地将士五十万缗钱，并免去六州百姓一年的税赋。将士们受到恩赏，都欢呼雀跃，兴奋不已。从此，魏博归于朝廷统管。

后来，宪宗又委派别的将军到河北各地担任节度使，期望能够革旧图新，彻底削藩。但是，尽管宪宗竭尽全力，却依然没有消除河北诸镇藩帅世代传承的弊病。除此之外，宪宗征讨成德节度使王承宗之战也未获成功。原因归结为一点，就是当时尚不具备彻底削藩的客观条件，宪宗也无计可施。但是经过他的大力削藩，藩镇的势力在很大程度上得到抑制。

晚年昏聩，宠信宦官

由于连年征战，朝廷用尽了德宗以来储备的所有钱粮。基于此，唐宪宗任用李巽掌管财政，可是李巽却增加赋役名目和额度，大肆盘剥百姓。此外，宪宗削弱数藩后，居功自傲，穷奢极欲，大大加重了百姓的负担，致使流民遍布全国。

宪宗晚年与代宗一样，开始听信道士妖言。他为求长生不老，还专门求服"灵丹妙药"。

818年，宪宗下诏书寻求天下方士。宰相皇甫镈为巴结宪宗，投其所好，向他推举了一个名叫柳泌的江湖道人，专管炼制丹药。次年，宪宗开始服用所谓的长生不老药。其实这种丹药有毒，长期服用会导致慢性中毒，甚至死亡。

819年，宪宗体内积累的毒开始发作，他也因此变得烦躁不安，动不动就训斥甚至斩杀官员、侍臣。起居舍人裴潾就曾因上奏遣责柳泌等人，而被谪为江陵县令。从此以后，再也没有人敢上谏了，宪宗的身体状况也一日不如一日。

820年正月，宪宗卒于中和殿，时年四十三岁。宪宗虽大力削藩，却不彻底清除宦官势力，反而对宦官宠信有加，维持了宦官掌管神策军的局面。

唐宪宗在位期间，励精图治，与臣子上下一心，在削藩战争中取得了一定的成绩，创造出了中兴局面，重新树立起了大唐王朝的声威。尽管宪宗没有开创太宗和玄宗时代的升平盛世，但他的历史功绩同样有目共睹。

▶（唐）仕女壁画
唐时仕女脸部丰腴，长裙飘曳，仪态万千。

〉〉〉神策军（原为陇右节度使所属驻守临洮城西的军队）扈从入为禁军。

◎看世界／查理之子侵占那瓦尔　　　◎时间／806年　　　◎关键词／丕平

裴度，字中立，河东闻喜（今山西闻喜）人，唐代后期著名政治家。他善于策划用兵，为相期间，平定淮西节度使叛乱，压制宦官专权，为整肃朝纲、重树朝廷威严作出了重大贡献，史书赞他"以人臣事君，唯忠与义，大则以讦谟排祸难，小则以说正匡过失，内不虑身计，外不恤人言""威誉德业比郭汾阳（郭子仪）"。

公元618年～公元907年
////////// 大唐盛世 //////////
晚唐重臣裴度

六朝元老，平定淮西

裴度是历仕德宗、顺宗、宪宗、穆宗、敬宗、文宗六朝的元老。他为将相二十余年，赢得了世人的景仰，时人每论及将相，都推裴度为首。

宪宗即位后，着手大力削藩。814年，淮西节度使吴少阳死，其子吴元济隐匿不报，擅自掌管军权，并兴兵四处劫掠。第二年，宪宗下旨削去吴元济爵位，并发兵前去讨伐，但因将帅昏庸腐朽，出师不利。

815年夏，因征讨淮西军久战无功，裴度奉命前去查看军情。回朝后，他将淮西军情细致地报告给宪宗，并推举忠武节度使李光颜为将帅。宪宗派李光颜率军前去讨伐，不出所料，李光颜很快就大败淮西军，淮西军不得不退守蔡州。捷报传来，宪宗对裴度连连称赞。

此后，宪宗愈发重视裴度，不久便提拔他为宰相。在藩镇一事上，裴度也力主平定淮西。他劝谏宪宗道："淮西是心腹大患，一定要铲除。况且朝廷已经讨伐淮西了，河南、河北的藩镇势力都想根据此战胜负来决定对朝廷的态度，因此对淮西的讨伐绝不可以停止。"宪宗很认同他的说

▲（唐）弹琵琶侍女骑马俑
侍女骑马上，浅笑弯眉，右手握琵琶，左手抚弦，怡然自得。

法。为平定吴元济，裴度恳请宪宗同意他在家中广招贤良。宪宗答应了，而之前的历代宰相是不可以在家中擅自会见门客的。

816年夏，蔡州行营唐邓节度使高霞寓征讨淮西军时，因遭突袭而兵败，仅他一人逃脱回营。这次兵败使朝廷内外慌作一团，朝中多数大臣都主张休战，赦免淮西军。但宪宗削藩之意已决，表示不能因某个将领失利就终止既定计划。从814年到817年夏天，朝廷派兵征讨淮西已长达四年，钱粮消耗甚多，官兵和淮西军依然相持不下。宪宗先任严绶统领征吴大军。严绶上任后，很快将官军囤积数年的钱粮挥霍殆尽。他还买通宦官，让他们替自己请求宪宗派兵增援，可是最终他手握重兵也未建功勋。

之后，宪宗任命韩弘为淮西诸军都统。韩弘却安于现状，试图依靠吴元济的力量来抬高自己的地位，不想迅速平定淮西。所以，朝廷虽连年用兵，却仍然没有平定淮西，宪宗对此十分不解。

这时，宰相李逢吉等人以伤财、劳师的危害进谏，劝宪宗罢兵休战，唯有裴度一言不发。宪宗询问他的想法，裴度便剖析了淮西的局势，指出久战而不能平定的原因是军心不齐，上下不能团结一致，且主将能力平庸，指挥不力。

817年秋，裴度奉命前往淮西督战。裴度抵达淮西后，立即在军营传达旨意，大大振奋了士气。当时各军设有中使监军，可是中使监军在交战时却不指挥士兵作战。战争取胜，中使监军出来领功，一旦战败，罪责便由士兵承担，这样一来便严重挫伤了士兵的积极性。基于此，裴度取消了中使监军，将兵权归于将帅，这大大地激发了士兵的积极性。所以在接下来的战役中，官军连连取胜。后来，裴度遣使臣到蔡州劝吴元济投降，吴元济没有接受。不久，在裴度领导下，唐邓节度使李愬在风雪交加之夜突袭蔡州，大败叛军，俘虏了吴元济。

裴度入蔡州后，对吴元济部将根据罪责大小

▲（唐）章怀太子墓室壁画《女侍·观鸟扑蝉》
此画描摹三名宫女在深庭大院内百无聊赖、无所事事进行游戏活动的情景。寂寞苦闷的幽怨之情，在举手投足之间尽现无遗。

分别判刑，并抚恤当地百姓。三个月后，宪宗下达诛杀吴元济的诏令，淮西之乱最终得以平定。

裴度平定淮西回到朝廷后，宪宗晋升了他的官阶爵位，赐上柱国，封晋国公。

宦官当道，隐居避祸

裴度任相时，敢于犯颜直谏，竭力制止宦官越权干涉政治，捍卫了宰相及朝中大臣的政治权力，保证了政府机关职能的发挥。他秉性耿直，痛斥宦官专权，多次冒犯对宦官宠信有加的宪宗。终于，819年，他因惹恼宪宗遭受贬谪。

宪宗驾崩后，裴度又曾在穆宗、敬宗、文宗三朝为官，在当时享有"勋高中夏，声播外夷"的美誉，但因为当时宦官专权，政治黑暗，他虽有治国才略，却得不到皇帝的重用，所以，他在为官后期，并无太多勋绩。后来，他遭宦官暗算，隐居东都洛阳，整日与白居易、刘禹锡酣宴从游，吟诗作对，徜徉于丝竹声中，不再过问时事。

839年，裴度因病卒于洛阳。

〉〉〉唐蕃再度会盟于长安兴唐寺。但不久，吐蕃再次背盟，围攻灵州（今宁夏灵武）。

唐末宦官专权，干涉朝政，国家危机重重，矛盾尖锐。宦官不仅掌握朝臣的任免，还控制着皇帝的废立。为了挣脱宦官的操控，稳定统治，加强中央集权，835年，唐文宗开始打击宦官，最终引发了"甘露之变"。

公元618年~公元907年
//////// 大唐盛世 ////////
甘露之变

宦官专权，文宗反击

唐朝自宪宗以后，历代皇帝中只有唐敬宗是以太子身份即位，其余的都是被宦官拥戴登位。这些皇帝大多形同傀儡，只能任由宦官把持朝政，一手遮天。

唐文宗也是在宦官的支持下登基的，但他不甘心受制于宦官，打算予以反击。827年，文宗将所有由宦官引荐的道士和歌舞艺人一律流放到岭南。829年，文宗下诏，令凤翔（今陕西西部、甘肃东部）、淮南（今安徽寿县）官员将以前选入宫室的女乐人通通遣送回原籍。他还释放宫女三千人，裁减教坊乐工、内监等一千人，并取消打猎之事，将专供打猎的五坊飞禽全部放掉。此外，他还严禁各地进献奇珍异宝、绫罗绸缎等。唐文宗的这些举措，是对宦官企图让帝王在声色犬马的生活里消磨意志的一种反击。

紧接着，文宗通过科举考试大力选拔人才，旨在改变宦官专权的政治局面。大和二年，唐文宗诏令进行"直言极谏科"的考试。举

人刘蕡的《直言极谏策》对唐中期宦官专权的黑暗政治给予了揭露和抨击。刘蕡在揭露宦官专权的现实时说："以指宦官五六人总天下大政……群臣莫敢举其状，天子不得制其心。"即宦官独揽朝政，群臣和皇帝都无力扭转局势。刘蕡还提出对付宦官的方法，他认为朝廷应强迫社会上的游手好闲之辈从事农业生产，这样既有益于社会治安，又能增加赋税。刘蕡的文章针砭时弊，一针见血，颇有见解。但主考官因怕触犯宦官，而没有选录他；文宗也因怕损害自己的利益，对此未加干涉。

830年，文宗提拔宋申锡为宰相，想通过他根除宦官势力。宋申锡曾任朝廷监察御史、礼部员外郎、翰林学士等官职，才华横溢，以清明廉洁、不结党营私而闻名。文宗在宦官独裁、朋党构奸的局势下任宋申锡为相，具有振奋人心的作用。但文宗的这一举措，也使得宦官们开始有所戒备。此外，宋申锡在筹划清除宦官势力时，因走漏了风声，致使宦官先下手为强，以谋反罪诬陷宋申锡。831年，宋申锡被罢官贬谪，就这样，打击宦官势力的首次计划破产了。

◀（唐）黄釉陶立俑
高二十二厘米。俑头梳高髻，身穿长袍，双目微睁，双手上下相抱，举于胸前。表情肃穆坦然。除头部和双脚外，全身施棕黄釉。

密谋泄露，事变失败

自宋申锡之事后，宦官王守澄为防止再发生此类事情，开始派人密切监视、观察文宗的一举一动。

834年，王守澄举荐郑注为御医，专门给文宗看病，又举荐亲信李训给他讲解《易经》。自此，这两个人成了文宗的随身侍臣，文宗的任何言行举止都在他们的严密监视下。文宗知道王守澄安排他们是为了监视自己，就变被动为主动，赐给这两人高官厚禄，最终使他们为己所用。文宗先任命郑注为太仆卿，李训为翰林侍讲学士，第二年后又提拔李训为宰相，郑注为凤翔节度使，让他们里应外合，给宦官势力以致命打击。通过和他们两人合作，文宗相继除掉了宦官杨承和和王守澄等人。

文宗深知，要想将宦官势力全部铲除，必须夺取军权。于是李训举荐户部尚书王璠任太原节度使、大理卿郭行余任邠宁节度使，试图让两人在上任前与御史中丞李孝本等人协力消灭祸害，彻底清除宦官势力。

835年，大将韩约在早朝时禀告说皇宫庭院里的石榴树上夜降甘露。宰相李训趁机说这是吉兆，表明上天要降赐福给大唐，并建议皇帝亲自去拜谢天旨，为国祈福。文宗命群臣先去观看，自己在含元殿等候消息，随即又命神策军左右护军中尉宦官仇士良、鱼志弘等人带领所有的宦官一同前去看个究竟，迅速回来报告，再决定是否前去拜天。仇士良等人到达庭院后，见韩约神色慌张，又察觉到周围有伏兵，纷纷仓皇而逃。铲除宦

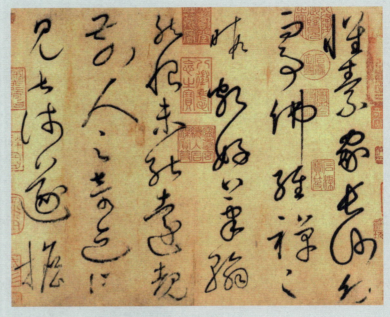

▲（唐）张旭《古诗四帖》
全篇笔画圆满，丝毫不显瘦弱虚浮。行文笔势纵横，动静结合，笔画缭绕牵涉，宛若漫天浮云，堪称草书的典范之作。

官的行动在最后一刻功亏一篑。

这些宦官逃出后，立即强行将文宗带回宫内。李训等人立即上殿护驾，与宦官厮杀。李训等人奋力相拼，诛杀数十个宦官。但因宦官人多势众，文宗最终被威逼进入宣政门。接着，宦官立即紧闭宫门，朝臣接连散去，李训也逃难去了。

宦官逼迫文宗进入内宫后，立即率神策军握刀而出，见人就杀。继而又将城门关闭，在城内大肆搜寻，又杀死千余人。很快，所有参与此事的官员都被诛杀。此事件史称"甘露之变"。事变发生时，郑注正率军奔赴长安，途中得知局面已被宦官控制后，立刻返回凤翔，后来也被杀死。至此，甘露之变以宦官的胜利结束了。

甘露之变后，因多数官员被杀，朝廷出现了职位空缺的情况，导致政治更加昏暗，宦官愈发嚣张。

〉〉〉日本遣唐留学生阿倍仲麻吕卒于西安。

◎看世界／马蒙攻陷巴格达　　　◎时间／813年　　　◎关键词／阿拔斯王朝 鼎盛

李德裕，字文饶，赵郡赞皇（今河北赞皇）人，唐末杰出的政治家，有"万古良相"之美誉。李德裕历任翰林学士、浙西观察使、剑南西川节度使、兵部尚书、检校尚书左仆射，并在文宗和武宗年间两度为相，任职期间积极进取，革除旧弊，选贤任能，政绩卓著，使晚唐内忧外患的局势得到暂时的缓解。但令人叹惋的是，这位一代名相最终却因朋党之争而"功成北阙，骨葬南滇"。

公元618年 ~ 公元907年
////////////大唐盛世////////////
"万古良相"李德裕

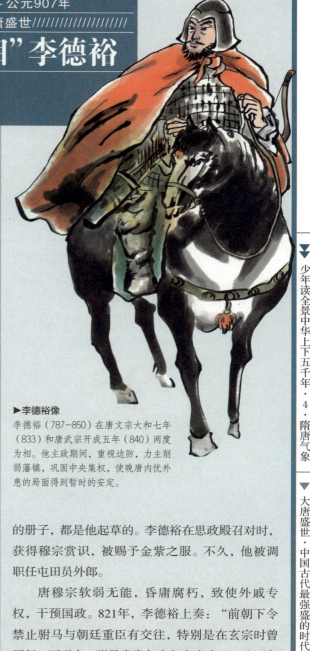

▶李德裕像

李德裕（787~850）在唐文宗大和七年（833）和唐武宗开成五年（840）两度为相。他主政期间，重视边防，力主削弱藩镇，巩固中央集权，使晚唐内忧外患的局面得到暂时的安定。

出身名门，才学渊博

李德裕出生于官宦之家，乃名门之后，祖父李栖筠曾受封御史大夫，父亲李吉甫曾两任宰相。李德裕自小就胸怀大志，勤奋好学，通读经典。一次，宰相武元衡问他平时爱读哪些书，他缄口不答。父亲李吉甫听说后，用责备的语气问他为何不回答，他说："武公身为一国之相，不关心国事，反而关心我喜欢什么书，问得不恰当，理应不回答。"李吉甫听了他的话，感到很惊讶。

李德裕虽然文才卓越，却不愿参加科考。他的父亲劝他参加进士考试，他却推托道："好骡马不入行。"后来他以父荫做了校书郎。当时他的父亲任宰相，为了避讳闲言闲语，李德裕只在各藩镇任幕僚。

816年，张弘靖被罢免宰相之职，出任太原地方长官，便提拔李德裕做他的掌书记。过了三年，李德裕跟随张弘靖回朝，任监察御史之职。

820年，唐穆宗登位后，李德裕应诏入翰林院。这时期，朝廷的各类诏书以及记录典章制度的册子，都是他起草的。李德裕在思政殿召对时，获得穆宗赏识，被赐予金紫之服。不久，他被调职任屯田员外郎。

唐穆宗软弱无能，昏庸腐朽，致使外戚专权，干预国政。821年，李德裕上奏："前朝下令禁止驸马与朝廷重臣有交往，特别是在玄宗时曾厉行。而现在，驸马常常与宰相私自会面，这不免会泄露国家机密，危害社稷。恳请陛下下诏给众朝臣及驸马诸亲，严禁他们私自见面，若有公事，应到中书省与宰相会面。"李德裕的奏章直指朝政弊病，穆宗阅后，对他大加褒扬。

822年春天，李德裕被擢升为中书舍人仍充任翰林学士。此时，钱徽受命主持贡举考试，中书舍人李宗闵背后请钱徽在主考时提携自己的姑爷苏巢。剑南西川节度使段文昌得知此事后，检举了他们。穆宗查问众学士情况是否属实，李德裕等人说："确实有这回事。"于是，穆宗下令重新考试。钱徽和李宗闵均遭贬职流放。

实际上，早在元和初年，牛僧孺、李宗闵在对策时因讽刺时政，已经与李德裕父子结怨，至此，双方仇怨更深了。当时李德裕已小有名气，他与牛僧孺都想出任宰相。但李德裕因被宰相李逢吉憎恶，于这年秋天被改任为浙西观察使。与此同时，李逢吉还大力举荐牛僧孺为相。

839年，唐武宗登位。同年秋，提拔淮南节度使李德裕为相。文宗驾崩后，宰相杨嗣复、李珏奉

文宗遗诏，准备立敬宗之子陈王为太子，但宦官仇士良假传圣旨立武宗为帝，并在武宗面前诬陷杨嗣复、李珏等，所以武宗即位后将杨、李一干人等罢官出朝。

841年春天，武宗准备斩杀杨嗣复和李珏。李德裕以为，武宗即位之初就斩杀大臣，会引起朝臣的恐慌，虽然他们两人与李德裕针锋相对，但李德裕还是从整体利益出发，将私人恩怨放置一旁。他多次奏明自己与他们两人并非私交，这样做都是为了朝廷的安危考虑。经李德裕等人数次劝谏，武宗最终宽赦了杨嗣复和李珏。

安边除患，功绩卓著

开成年间，回鹘被外族打败后，部众四散。后来，回鹘中的一支脱离了回鹘乌介可汗的统治，投靠了天德军，希望依附唐朝。天德军统帅田牟急功近利，打算趁机发兵攻打他们，群臣也赞同此举，唯有李德裕坚决反对。他认为回鹘曾协助唐朝平定安史之乱，这次他们归附，军纪严明，没有侵扰百姓，应该安抚他们。若率军攻打，一来天德军兵力不足，一旦失利，定会丢城失地，二来对方诚心归附，若是用兵恐怕他们会打消归附之念，甚至会滋扰边境。但是如果他们在边境滋事，则调集兵马进行讨伐。朝廷采纳了李德裕的建议，赐给回鹘两万斛粮食。

842年，回鹘乌介可汗竟然公开向唐朝索求粮食和牲畜，并要求唐朝廷遣送回已归附的部

◀（唐）花鸟纹鎏金三足银樽

1989年出土于陕西西安东郊第六十五号唐墓。小直口，短颈，广肩，鼓腹，圜底，中腹部附加三只蹄状足。带盖，盖覆杯形，盖顶有蘑菇形小钮。整个樽体皆以密布的珠点纹为地纹，并被三组由四个心形团花图案组成的纹饰分为三大块。每块以一足为中心，足上枯树枝上落有一对鸳鸯，前者顾首回望，后者展翅欲飞，生动形象，可爱逼真。

◎看世界／查理大帝逝世　　　　　◎时间／814年　　　　　◎关键词／路易继位　"虔诚者"

▲（唐）景教壁画

新疆吐鲁番高昌故城壁画。该壁画表现了"圣枝节"人们欢迎基督进入耶路撒冷的情景，是研究高昌景教的宝贵资料。

落，武宗断然回绝。自此以后，乌介可汗无视唐朝警告，经常出兵滋扰边境。当年秋，回鹘军队又翻过杷头峰（今山西包头附近）侵犯大同等地。牛僧孺等提议"固守关防，伺其可击则用兵"。李德裕经过深思熟虑后说："以回鹘所恃者嗢没、赤心耳，今已离散，其强弱之势可见。戎人犷悍，不顾成败，以失二将，乘忿入侵，出师急击，破之必矣。守险示弱，虏无由退。击之为便。"最终，武宗采纳李德裕的建议。于是朝廷征集各路兵马，分别任命刘沔、张仲武、李思忠为回鹘南面招讨使、东面招讨使、西面招讨使，各部在太原会合。

843年正月，乌介可汗率军进犯振武，李德裕为刘沔拟定了一套切实可行的反击方案。刘沔严格按照李德裕的战略计划行事，让部将率三千骑兵为先锋，自己率大军殿后。先锋军到达振武后，趁夜挖地道出城，偷袭乌介可汗的军营，攻其不备。乌介可汗一时难以应付，加上不幸负伤，只得率百余骑狼狈逃走，回鹘兵遂因群龙无首而大乱。刘沔率军到达后，轻而易举就将对方击败，并俘获了两万多人。

这次反击回鹘的战争以胜利告终，它保证了大唐北部边疆的安宁，铲除了祸患。

李德裕为相期间，重视边防警卫，主张削藩，加强中央集权，在一定程度上缓解了唐末内外交困的局势，晚唐诗人李商隐因此誉之为"万古之良相"。

牛僧孺，字思黯，安定鹑觚（今甘肃灵台）人，唐末著名政治家，唐穆宗、唐文宗时宰相。他任职期间抨击弊政，清正廉洁，在纠正官僚贪污贿赂、卖官鬻爵等各种不正之风上贡献很大。但在为官后期却不以大局为重，与李宗闵结党，排挤政敌，最终导致持续了几十年的朋党之争的爆发，大大削弱了唐朝的统治。

公元618年～公元907年
大唐盛世
清廉之臣牛僧孺

贤良方正，直评时政

牛僧孺是进士出身，及第三年后，以"贤良方正"对策，抨击朝廷失政，切中时弊，但因触怒宰

▼ （唐）骆驼载乐俑

陕西西安出土，用唐三彩绘制。来自西域的骆驼载有弹唱人物，人物均深目高鼻，多胡须，为典型的胡人形象。

相李吉甫，而遭其憎恶。

唐期中期，政治腐朽，贪官横行，贿赂成风。820年，唐穆宗即位，擢升牛僧孺为库部郎中，同年秋天改任御史中丞。次年初夏，牛僧孺把各地官员办案迟缓拖拉，致使大量狱案积压的情况上奏穆宗，提议限定官员的审案日期，并列举出具体的实施办法。此外，牛僧孺还制定了案件的大小分类准则。他的这些措施，使审案的时间大大减少，有效避免了案件积压。

秉公执法，廉洁自律

821年，有人检举刺史李直臣严重贪污，此案被转交给大理寺审理。依照刑律，李直臣当被判处死刑。李直臣为了保命，千方百计买通了受穆宗宠信的宦官，请他们出面向牛僧孺替自己求情，但牛僧孺不予理睬，坚持原判。宦官索性直接求穆宗赦免李直臣，称李直臣颇具才能，且政绩突出，只是一时财迷心窍才动了贪念，请穆宗给他一个戴罪立功的机会。穆宗居然信以为真，诏牛僧孺入宫，对他说："李直臣很有才干，这次只是一时糊涂，我打算宽免他，让他驻守边疆，将功补过。"牛僧孺理直气壮地说："李直臣是个无德之人，只懂得谋求私利，谄媚奉承。刑法就是为了惩治贪官污吏、清明政治而制定的。说起才能，难道逆臣安禄山、朱泚等不比李直臣更有才吗？但是可以赦免他们吗？您万万不可因为李直臣一人而违背法律啊！"穆宗听了他的话，觉得很有理。穆宗因牛僧孺能秉公执法，而晋封他为户部侍郎，

>>>唐代宗去世，太子李适即位，是为唐德宗。

专掌国家的财赋大事。

823年，宣武节度使韩弘之子韩公武出任右骁卫将军，他为了稳固父亲韩弘的权势，曾大肆贿赂朝臣。韩公武死后，其父也随即病逝。

韩氏父子死后，有人向御史府告发韩公武贿赂朝臣之事。但穆宗怜悯韩氏遗孤年龄尚小，没有降罪，只是翻看了韩弘的账目。根据上面的记录，绝大多数朝臣都曾收受钱财，只有牛僧孺的名下写有："某月某日，送户部牛侍郎钱千万，不收。"穆宗看后，非常敬佩牛僧孺清正廉洁的品质，将这个账本拿给左右大臣看。后来，穆宗提拔牛僧孺当了宰相。

避难外调，造福于民

824年，唐敬宗继位，加封牛僧孺为中书侍郎。不久，牛僧孺奉命监修国史。当时，敬宗荒淫无度，穷奢极欲，朝内宦官专权，朝臣相互勾结，朝政腐败。牛僧孺因无力改变现状，又怕遭人陷害，就多次上奏请求调外任职。

▲（唐）青釉佛龛
泰安粥店出土。胎体厚重，近白色，底无釉。器作塔形，龛内可放佛像或舍利子。佛龛造型奇特，制作精致，属北方窑产品。

825年正月，牛僧孺出任鄂州刺史。当时，江夏（今湖北武汉）"风土散恶，难以垣墉"，每年都要增修版筑，并征收大量菁茆覆盖。很多贪吏便借此机会假公济私，草菅人命，百姓苦不堪言。牛僧孺到达江夏后，革除弊政，他对每年茆苦板筑所需的费用进行计算，然后用这些钱烧砖坯砌墙，代替版筑菁茆。五年后，弊政被彻底革除。

那时，沔州与鄂州仅一江之隔，牛僧孺以不该在沔州设行政区域之事上奏朝廷。得到许可后，他当即撤销沔州的机构设置。这样做既裁减了冗员，节省了财政开支，又减轻了民众的负担。

829年，牛僧孺又被召回朝任相。此后又相继出任淮南节度使、东都留守等职。到唐武宗时期，李德裕拜相时，他被贬官流放。一直到唐宣宗登位后，他才被召回，任命为太子少师。

847年，牛僧孺因病去世。牛僧孺为官廉洁奉公，朝臣称赞他"清德可服人"，这种品德与行为，令人敬佩。但他在为官后期，引发朋党之争，导致朝廷内部近四十年的权力斗争，这是他人生中的一大败笔，也是他饱受后人诟病的原因所在。

▲（唐）佚名《唐人宫乐图》
该画描绘了宫廷仕女坐长案娱乐、饮茗的盛况。图中十二人，或坐或站于条案四周，长案正中置一大茶海，茶海中有一长柄茶勺，一女正操勺，舀茶汤于自己茶碗内，另有正在吸茗品尝者，也有弹琴、吹箫者，神态生动，笔法细腻。

○看世界／阿塞拜疆起义　　　　　　○时间／816年　　　　　　○关键词／巴贝克 反阿拉伯

牛李党争是朋党之争，是唐后期朝廷内部以牛僧孺和李德裕为首的两个派别之间的争斗，党争从萌芽到终结，历时近半个世纪。这场旷日持久的政治集团争权战，极大地消耗了唐朝统治集团内部的力量，加速了唐王朝的衰落。此后，历朝历代的君主经常以此为鉴，对朝臣的党争深恶痛绝。而如何彻底消除党争，成为君主们必须面对却又难以解决的问题。

公元618年～公元907年
//////// 大唐盛世 ////////
牛李党争

不顾大局，结党相争

808年，朝廷以"对策"选官，举人牛僧孺、皇甫湜和李宗闵三人在对策中抨击时政，揭露了朝纲败坏、贪官横行的种种现状，切中时弊。主考官杨於陵和韦贯之认为他们的策文堪称上乘之作，于是上奏朝廷优先录用他们。宰相李吉甫却不以为然，他认为这三个人危言耸听，对朝廷出语不敬，于是他上奏宪宗要求以评卷不公之罪罢免杨於陵、韦贯之以及复试官裴垍、王涯四人。

唐宪宗偏听偏信，对李吉甫的话不加核实就罢了杨、韦、裴、王四人的官，并将他们流放，同时还拒绝录用牛僧孺等三人。此事发生后，举朝震惊。群臣极其愤慨，纷纷为牛僧孺等鸣不平，并责难李吉甫嫉妒贤能，给朝廷带来巨大损失。

宪宗为平息愈演愈烈的事态，罢了李吉甫的相，贬他为淮南节度使，同时召回被远放的翰林学士裴垍，任他为相。这次因对策而引发的升贬进退事件，使朝中大臣也自然而然地形成了两大对立党派。此后，唐朝所有的政治活动，都带有明显的党派相争的政治色彩。

元和年间，两党因对待藩镇割据的态度不一致，展开了激烈对抗。李党力主削藩，牛党则力主

▲（唐）郏县黄道窑骆驼人物灯台
此器为一人俑骑在一骆驼身上，前驼峰上竖起一个灯，柱上有一圆盘，骆驼仰首。釉色月白，为唐代郏县黄道窑之精品，体现了匠人的高超手艺。

招安。在这件事上，宪宗和当权的宦官主张削藩，所以，元和年间，李党占了上风。当时，李德裕和牛僧孺还没有做高官，所以党派斗争的色彩还不算浓厚。820年，唐穆宗即位，李德裕、牛僧孺先后在朝中担任要职，以此二人为中心的牛李二党开始形成。

821年，牛党重要人物礼部侍郎钱徽主持进士考试，出任主考官的右补阙杨汝士也属牛党一

派。这次科考他们共录取十四名进士，牛党要员李宗闵的姑爷苏巢、杨汝士的弟弟杨殷士都榜上有名，其余的十余位进士也都是有家世背景之人。榜单公开后，前任宰相段文昌立刻上奏穆宗，说考官在录取进士过程中有营私舞弊之嫌。

当时，由李德裕、元稹、李绅等人担任翰林学士之职。唐穆宗向李德裕了解真相，李德裕回答说确实有舞弊行为，元稹和李绅也为取士不公正而愤愤不平。于是，穆宗重派官员举行复试，结果最初入选的人中，除三人勉强合格外，其余全不合格。钱徽、李宗闵、杨汝士三位牛党要员因此被贬官远放。进士考试加深了牛李二党的仇怨，从这以后，牛僧孺对李德裕怀恨在心，牛李党争随之进入白热化阶段。

互相拆台，祸乱朝政

李党首领李德裕在为官期间，体察民情，了解民意，体恤百姓冷暖，因此在民间有口皆碑。长庆年间，他出任浙西观察使时，曾拆除境内除用于举行祭祀的仪礼以外的寺庙一千多所、私人建造的寺宇一千四百多间，大大减轻了民众的负担，填补了赋税缺洞，增加了国库收入。他还上奏唐敬宗要求禁止浙西进献金银珠宝及绫罗绸缎等，因此得到了当地百姓的爱戴。同时，他也主张树立朝廷威严，捍卫国家统一。

830年，李德裕出任剑南西川节度使。次年，吐蕃统帅悉怛谋打算将其占领的维州（今四川汶川西北）归还给唐朝。李德裕立即派兵入驻维州，接管当地事务，并向朝廷提出维护边疆安定的计划。当时，牛僧孺任宰相，他认为唐与吐蕃已经订立盟约，不应该背信，破坏

▲（唐）永徽比丘法律造泥佛像

唐代的永徽法律泥佛像的泥色皆为青色，多出土于西安城南白塔寺后院，隋唐时这里叫至相寺。永徽比丘法律造泥像的最大特征是泥像中心必定做成一塔，塔多为三层。图中所示即永徽比丘法律造泥像。其正面有三层佛塔，上两层各坐一佛，下面一层坐两佛，左右两侧各七尊佛像。泥像背后无文字，制法极精。

〉〉〉藏医宇妥·元丹贡布著《四部医典》，又称《华丹据悉》。这是一部藏医经典，内容包含了各种疾病的分类，并归纳了其因缘。

783年

◎看世界／塔黑尔王朝建立　　　◎时间／820年　　　◎关键词／呼罗珊

▲（唐）白釉敞口执壶

质地为瓷，高十一厘米。此执壶敞口，附双小系，器型周正，釉色洁白微泛青，釉面光滑，施釉不到底。

友好关系。唐文宗采纳了牛僧孺的意见，下诏让李德裕的军队立刻撤离维州，并将已投降的悉怛谋遣归吐蕃。其实，虽然唐与吐蕃曾订立盟约，但吐蕃此后多次违约进犯唐朝边境，既然他们背信在前，唐朝何必还信守盟约呢？牛僧孺在这件事上采取的妥协退让做法，表现出牛党的一贯作风。自此，牛李两党的对立进一步加深。

840年，文宗因病去世，唐武宗登位。武宗即位后，牛党逐渐失势，李德裕应诏回朝任相，

李党独揽大权的阶段自此开始。武宗宠信李德裕，视其为心腹，凡事都按照他的意思办，这是李德裕入仕以来最得势的时候。

武宗信奉道教，会昌五年，他下令灭佛。而李德裕因担心全国编产大量减损，也大力支持武宗的决定。于是全国开始拆庙宇，驱僧徒，迫僧还俗务农。客观来说，这项举措对恢复农业生产、增加财政收入起到了一定的积极作用。李德裕此次出任宰相，手握大权，政由己出，不受牛党牵制，在平乱、败回鹘、灭佛等方面政绩卓著，口碑颇佳。但他执政时，独行其是，打击政敌，不仅为牛党忌恨，也遭宦官指诉。

846年，武宗死后，唐宣宗继位，李德裕好运终了，厄运来临。宣宗一直对李德裕独断专行的做法心怀不满，因此即位之初即免去了他的相职，将其贬为东都洛阳留守，逐渐驱逐朝廷官职体系中的牛党诸人，改用牛党的令狐绹、崔铉等人为相，牛党领袖牛僧孺也再次入朝任职，真可谓"一朝天子一朝臣"。不久，李德裕又由东都留守被再贬为潮州司马，又加贬为崖州司户。大中三年，李德裕因病去世，至此，持续了四十多年的牛李党争终于结束了。

客观来说，李德裕和牛僧孺皆有才华，且为官清廉。可双方仅因出身不同，曾有嫌隙，就拉帮结派，苦苦相争，致使朝纲败坏。身为当朝宰相，不能豁达大度，反而互相倾轧，实非社稷之福。

◀（唐）玛瑙羽觞

1970年出土于陕西西安何家庄的唐代器物窖藏坑，呈椭圆形，似耳杯而又无双耳，小平底。酱红色玛瑙，有多种不同颜色且不太规则的瑕斑。雕刻者利用了玛瑙本身颜色不同的自然花纹，琢磨精细。此器艳丽夺目，是唐代少有的艺术珍品。

〉〉〉唐顺宗传位于太子李纯，退位为太上皇。李纯即位，是为唐宪宗。

唐末，土地兼并严重，苛捐杂税繁多。百姓食不果腹，居无定所，终于无法忍受，纷纷揭竿而起。在这种背景下，濮州人王仙芝顺应民意，举起起义大旗，领导了一场声势浩大的起义运动。他提出"平均"的口号，极大地调动了农民的积极性，为推翻唐朝末期的黑暗统治作出了重大贡献。

公元618年～公元907年
////////// 大唐盛世 //////////
王仙芝起义

反抗暴政，聚众起义

王仙芝最初以贩卖私盐为生，在当地颇有名望。875年初，关东遭遇旱情，饥民无数，饿殍遍野，但官府对此置之不理，依然催缴租税，派发差役。百姓无路可走，纷纷投靠王仙芝。王仙芝遂带领众人发动起义，他自称"天补平均大将军"，并且率领义军很快攻取了山东的曹、濮二州。

同年夏，冤句（今山东菏泽西南）人黄巢揭竿而起，率数千人与王仙芝在曹州会师，起义军逐渐发展壮大。此后，那些深受横征暴敛之苦的百姓、散居于民间

的起义军余众等，都纷纷加入到王仙芝的队伍中，义军转眼间就发展到几万人。在王仙芝的指挥下，义军破郓州（今山东东平），克沂州（今山东临沂），大大推动了农民反抗斗争的发展。到初冬，起义军已连续攻下十多个州。在淮南，义军队伍蜂拥而起，人数多的上千，少的也达几百人。一时间，起义遍布全国。

一个月后，唐僖宗任命平卢节度使宋威为诸道行营招讨草贼使，赐给他禁军三千，骑兵五百，并令河南各藩镇所派出的镇压军队统一听从宋威

▼ （唐）鎏金卧龟莲花纹五足朵带银熏炉

银板锤镍成型，附件浇铸，纹饰鎏金。由盖、身两部分组成。直口，平折沿，方唇，深腹，平底，盖面高隆，呈覆碗状，宽平折沿，与炉身口沿相扣合。莲花形盖钮，钮底镂刻莲瓣一周，瓣尖上翘，呈瓣状气孔，便于烟香外熏。盖面饰缠枝莲一周，五朵莲花上各卧有一龟，龟首反顾，口衔瑞草。腹壁饰流云纹，并铆接五只兽足，上部作独角兽首。兽首之间，销钉套接朵带，垂于足间。该炉做工精湛，构思巧妙，堪称唐代金银器的瑰宝。器内錾刻铭文"咸通十年（869）文思院造"等四十余字，对研究唐代宫廷金银作坊组织、官职设置、度量衡制度及器物定名等，都具有重要历史价值。

调遣。

876年夏，宋威率军与王仙芝的起义军在沂州城下交战。王仙芝面对强大的敌军，决定避敌主力，率军行军千里，于一个月后抵达河南，在接下来的十天之内连破八座城，并攻取阳翟（今河南禹州），占据郏城（今河南郏县）。

僖宗又任命左散骑常侍曾元裕为招讨副使，率军守护洛阳。同时，让山南东道节度使李福选派两千精锐步骑，北上汝州（今河南临汝）和邓州（今河南邓州），坚守要塞；命凤翔节度使令狐绹和邠宁节度使李侃率一千步兵、五百骑兵驻守陕州（今河南陕县）和潼关（今陕西潼关），以洛阳为核心摆开阵势，意图阻止王仙芝进军长安，并将义军一网打尽。

在这种形势下，王仙芝果断出击，率领义军浴血奋战，强攻汝州，将官军全部歼灭，夺取了汝州。此战中，唐朝大将董汉勋和刑部侍郎刘承雍战死，刺史王镣被俘。官军溃败的消息传至东都，百官大都仓皇而逃。唐僖宗也撤销了长安的重阳内宴，并下令宽赦王仙芝，打算招抚义军。

王仙芝对此置之不理，率军继续北上攻取阳武（今河南原阳）。义军进攻郑州时，在中牟（今河南鹤壁西）被唐昭义监军判官雷殷符所败。义军兵败后分两路行进，一路由王仙芝率领南下，于初秋攻下了河南唐州、邓州；之后继续向南推进，又一口气占领了郢州（今湖北京山）和复州（今湖北沔阳）；夺取随州（今湖北随县）后，转而向东南方向进军，攻克了安州（今湖北安陆）和黄州（今湖北黄冈）。另一支义军则进军淮南，从申州（今河南信阳）、光州（今河南潢川）进而攻打舒州（今安徽潜山）、庐州（今安徽合肥）一带，此路义军在淮南威名远扬。

妥协退让，战死沙场

义军经过半年多的东征西讨后，在江淮河汉一带广泛展开游击战争，使得官军疲于奔命，难以应付，而此时义军已发展

◀（唐）菩萨与火天神
壁画位于敦煌莫高窟第一百四十八窟内。窟中多为密宗壁画。火天神坐于绿色荷叶上，秃顶长须，羸瘦苦行老者形象。菩萨头戴宝冠，面部圆润丰满。

〉〉〉牛李党争开始，以牛僧孺为首的牛党和以李德裕为首的李党明争暗斗，进一步加速了唐朝的衰败和灭亡。

到三十万人。在义军的猛烈进攻下，蕲州（今湖北蕲春）刺史裴偓无力抵御，开城请降，并替王仙芝上奏求官。唐僖宗遂封王仙芝为左神策军押牙兼监察御史。这时王仙芝已有归附朝廷之心，后因遭到黄巢痛斥和义军上下的反对，才被迫回绝了朝廷的封官。此后，起义军内部出现分裂，王仙芝与黄巢从此分道扬镳，义军的战斗力大大削弱了。

877年正月，王仙芝占领鄂州（今湖北武昌）。同年夏，他与黄巢合作，协力进攻宋州（今河南商丘），遭到失败；一个月后夺取了安州、随州，转而又攻打复、郢二州。义军虽连连获胜，但朝廷在春初颁布了《讨草贼诏》，发动官军和地方武装力量团结一致平定义军。与此同时，朝廷为削弱义军实力，还对他们发动了猛烈的政治攻势，如朝廷下令，若义军同意投降，归附朝廷，则加官进爵，赏赐金银财宝。

在利益的诱惑下，王仙芝写下降表，并派亲信大将尚君长和蔡温球去邓州乞降。可是，在招讨副使都监杨复光护送他们去长安的途中，招讨使宋威为抢功竟派人劫走了尚、蔡二人，然后他上奏朝廷，声称自己在颍州（今安徽阜阳）西南交战时，擒获了义军的两位首领，并将他们斩杀于狗脊岭（在唐长安城内东市）。王仙芝知道此事后，火冒三丈，当即率义军南下，渡过汉水进攻荆南（今湖北江陵）。

878年正月初一，王仙芝率义军占领罗城，后

▲（唐）磁州窑青釉刻芦雁纹执壶

质地为瓷。此壶保存完好，短流，撇口，丰肩，玉璧底型丰满，双系，是典型的唐代器型。胎灰白，釉薄透明，青中泛绿，釉面与器底相接处见黄褐斑，釉面薄处可见闪黄，壶上划有精美的鸭戏水图案，图案对称，施满釉，通体见细小开片，是迄今唐代耀州窑所能见到的最精美的瓷器之一。

因山南东道节度使李福率兵支援官兵，义军溃败。王仙芝随即率领义军到别的地方作战，可当他们抵达申州东时，又遭到招讨副使曾元裕的攻击。这次交锋，义军再次大败，且伤亡惨重。

与此同时，朝廷因宋威杀尚君长不得其法，于平定起义军无功，解除了他的兵权，提升曾元裕为招讨使，颍州刺史张自勉为招讨副使，又令剑南西川节度使高骈转任荆南节度使兼盐铁运转使。此后，他们以集中优势兵力攻打义军为作战方针，积极展开了对王仙芝义军的围剿行动。

一个月后，义军抵达黄梅（今湖北黄梅西北）时，陷入了曾元裕的包围圈。经过一场激烈交锋，义军五万多人阵亡，王仙芝也在反攻时战死。义军余众一部渡江转移到江南，另一部则由尚让率领投靠了黄巢，继续坚持反对唐朝统治的斗争。

王仙芝从起兵反唐到战败身亡，共三年。他异军突起，以"平均"为口号，调动了农民反对唐朝黑暗统治的积极性。但他没能经受住胜利的考验，面对朝廷的高官厚禄摇摆不定，结果不仅减弱了义军的战斗力，也削减了义军实力，结果必然失败。不过，也正是因为他率先起兵，各地才掀起了斗争浪潮，加速了唐朝的衰亡。从这一点来看，王仙芝的功绩是毋庸置疑的。

唐代末期，朝纲败坏，国势日衰，唐宣宗虽有一定作为，但终究无力回天。宣宗死后，相继登位的懿宗、僖宗骄奢淫逸，致使朝政腐败不堪，再加上赋役沉重，政府、官僚、地主对农民多重盘剥，终于使得各地农民起义运动风起云涌。而黄巢便是诸多起义军首领中最为有名的。

公元618年～公元907年

大唐盛世

大将军黄巢

揭竿而起，反抗大唐

黄巢，曹州冤句（今山东菏泽）人，自幼喜好读书，聪颖敏捷，长于舞剑骑射。他曾多次参加科举考试，但都名落孙山。唐朝末年，统治者荒淫误国，朝纲败坏，民众苦不堪言。基于此，黄巢决意发动武装起义，以反抗唐朝的暴虐统治。

875年，王仙芝在濮阳高举义旗，率先起兵反抗朝廷。不久，黄巢也招集数千民众在冤句响应。后来，两支起义军在曹州会师，黄巢被选举为二把手。因起义军有广泛的群众基础，他们一开始就攻取了附近的很多州县，队伍也很快发展

壮大到几万人。随即官军与义军在中原展开了一场激烈的围剿与反围剿的交锋。

黄巢趁官军疲于应战之机，率军转战河南，逃出了官军的包围，进而取得反攻大捷。唐朝上层统治阶级见围剿没有效果，就改用招安的办法。这时，王仙芝打算接受招抚，黄巢对他破口大骂。两人和解后，起义军开始分兵作战，一路由王仙芝统率，向陈州、蔡州等地挺进；一路由黄巢率领，北上齐、鲁。878年，王仙芝战死沙场。

随后，黄巢率义军一口气夺下汝州，然后装出一副准备攻打洛阳的样子。而当朝廷集中兵力镇守洛阳时，义军则突然一路南下，攻打江淮要塞扬州。如此，他们以流动作战的方针，在敌众我寡的不利形势下，避敌主力，连连取胜，并逐渐变被动防御为主动进攻。

878年，黄巢率领义军从濮州出发，直逼东都洛阳。朝廷急忙将曾元裕的军队调离襄州，支援洛阳。曾元裕率军北上，这正中了黄巢的下怀。曾元裕率军撤离使得长江防线无人把守，义军就

◀仙霞关

为浙闽赣三省要冲，素有"东南锁钥""八闽咽喉"之称。唐乾符五年（878），黄巢起义军转战浙东，经这里进入福建。现存四道关门，五公里麻石垒砌的古道，至今还保存着全国唯一完整的黄巢起义相关遗址。

◎看世界／哈里发军队攻陷巴贝克起义中心巴兹　　◎时间／837年　　◎关键词／巴贝克

可以畅通无阻地向南进发。黄巢率义军乘长江防线空虚之际，南下江淮，渡过长江，扫荡江西，集中兵力进逼宜州。

879年春天，黄巢率军攻取福州。义军讲究作战策略，为争取封建知识分子的参与和支持，做了很多努力。当时，军中流传一首民谣："逢儒则肉，师必覆。"义军总是会把所擒获的"儒者"释放。

同年秋天，黄巢率军攻打南方要塞广州。在出战之前，他托人给节度使李迢写了一封信，表示若朝廷封他天平军节度使之职，他就撤兵休战，情愿受控于朝廷，然而朝廷只肯封他做七品官职。黄巢知道后，十分气愤，一气之下率义军夺取了广州，并布告天下，义军即将北上，质问朝廷，清除宦官。同时，黄巢还严肃义军军规，强调对贪污受贿的统帅和地方官，都以灭其全族处置。这些严明的法规，得到了民众的支持，在北上战斗中，产生了积极的影响。

转战南北，兵败自杀

880年冬天，黄巢率军从南方出发一路北上，攻取洛阳，当地百姓夹道欢迎义军。随后，义军决定挥兵直指唐都长安。

黄巢继续向西挺进，攻打陕、虢二州，直逼长安的东大门潼关，沿途将官军全部击溃，吓得唐僖宗也从开远门向南出逃骆谷。黄巢率义军进入长安时，同样受到民众热烈欢迎。

然而，黄巢夺取长安后安于胜利，没有及时

▼（唐）五足镂花铜香薰

此香薰造型为五瓣花式，口有折边，深直壁。器底平，有五只兽足，足上加饰人面。盖钮呈花苞状，盖面上有镂空花纹、四叶纹以及云纹饰纹。这种云纹是唐代典型的云纹式样，常出现于唐三彩、唐金属器皿的工艺品上，极富飘逸美感。

处理几个关键问题：一是没有乘胜追击，抓住僖宗；二是没有消灭官军残余的反动势力；三是没有制定明确的政治、经济纲领；四是没有建立稳固的后方根据地。长安失陷后，关中诸镇加固防御工事，把四周的居民和物资全部转移，对义军实施封锁，局势开始变得非常不利。

881年，黄巢在长安含元殿称帝，定国号"大齐"，改元"金统"，颁布赦令。882年，大齐的同州（今陕西大荔）防御使朱温背叛义军投靠唐朝廷，同时沙陀人李克用率军一万南下，攻打义军。黄巢认为死守长安于己不利，就挥军东撤。可在撤离过程中，他又出现了指挥上的失误，没有向官军防守力量薄弱的东南方向退，而是向藩镇势力强大的北方撤去，致使义军落入强敌包围圈中。在进攻陈州时，义军先锋大将孟楷战死。黄巢因一时冲动而鲁莽行事，居然为报孟楷之仇，下令全军围攻陈州达一年之久。这就为官军积蓄力量，实施下一步作战计划创造了机会。

884年春，唐朝廷派李克用再次南下围剿义军，黄巢被迫率军北逃。后来，在官军追剿下，黄巢逃到泰山，兵败自刎。就这样，历时九年的唐末农民起义最后以失败告终，但它对中国历史产生了深远影响。

>>>著名诗人李贺去世。李贺受楚辞、古乐府、李杜、韩愈等多方面影响，诗风非常独特，被称为"诗鬼"。

816年

◎**看世界**／法兰克皇帝路易去世　　　◎**时间**／840年　　　◎**关键词**／罗退耳继位　混战

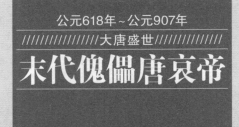

公元618年~公元907年
/////////////大唐盛世/////////////
末代傀儡唐哀帝

▼（唐）坐龙

这件铜龙为蹲坐状。头向左斜，张口，牙已残断。颈部有一火焰珠装饰。前腿直立，后腿曲踞，尾穿过后腿裆向上卷至腰部。躯干有鳞片，前肢五爪，后肢三爪。由于铜龙是蹲坐的，故也被称作"坐龙"。

唐昭宗死后，年仅十三岁的唐哀帝继位。哀帝名李柷，原名李祚，是唐昭宗第九子。此时，大唐国土已被诸藩镇分割得所剩无几。作为大唐王朝的最后一代皇帝，唐哀帝也只能眼睁睁地看着江山毁于一旦，根本无力回天。

幼年即位，形同傀儡

李柷出生于892年，897年被册封为辉王，903年升任开府仪同三司兼充诸道兵马元帅。904年，昭宗被谋杀后，大臣蒋玄晖矫诏拥护李柷继位，是为唐哀帝。

哀帝即位后，尊奉母亲何皇后为皇太后。905年春，朱温派蒋玄晖约请哀帝的兄弟德王李裕、棣王李祤、虔王李禊、琼王李祥、沂王李禋、遂王李祎、景王李祕、祁王李祺、雅王李禛等人到洛苑九曲池参加宴会。宴会正进行时，突然涌进来一群士兵，他们手执粗绳、大刀，将诸王全都杀死，然后将他们的尸首扔进了九曲池。

哀帝得知兄长和弟弟们被朱温杀害的消息后，十分哀伤，可他却不敢放声大哭。从此以后，只剩他和母后相依为命了。

905年冬，何太后见野心勃勃的朱温觊觎皇位已久，便担心她们母子的生命受到威胁。一日，她派人请来朱温的亲信蒋玄晖，请求他能在哀帝让位后保全她们母子性命。

朱温的另一个亲信知道这件事后，就到朱温面前诬陷蒋玄晖说："蒋玄晖私自设宴会，烧香盟誓要力保太后母子，恢复大唐统治。"

〉〉〉唐邓随节度使李愬雪夜袭蔡州（今河南汝南），擒吴元济，平定了淮西。

▲（唐）彩绘陶人面镇墓兽
高二十九厘米，宽十五厘米，辽宁朝阳唐墓出土。

朱温听后，马上派人杀死了蒋玄晖。没过几日，朱温又派人杀害何太后，然后，迫使哀帝下令废掉已死的太后，将其贬为庶人。

唐哀帝在位时，本人几乎没下达过任何有实际意义的政令。那些诏令，其实都是以他的名义，依照朱温的心意下达的，正是"时政出贼臣，哀帝不能制"。他连上朝听政的权力都被朱温以各种理由剥夺。哀帝唯一能做的，就是一切都听从朱温的安排，朱温借此逐步巩固政治地位，树立威信。

奸贼当道，无力掌权

905年夏，朱温将当朝重臣全部斩杀，并把他们的尸体扔到了河里。至此，朱温已经基本消除了他夺位称帝的阻力。

同时，朱温还很敌视文人学子。一次，他领兵经过一棵大柳树，坐在树下休息时，自顾自地说道："这棵柳树可以用来做车轮。"属下无人搭话，而同在树下休息的文人却应和道："的确可以做车轮。"朱温一听，大声呵斥道："文人都爱信口开河，榆木才能做车轮，柳木如何能做车轮！"说完，令属下杀死了应和他的人。

905年秋季，唐哀帝赐他的乳娘杨氏为昭仪，封乳娘王氏为郡夫人。这一举动遭到了朱温及诸宰相的否决，他们说："历朝历代从来没有封乳娘为夫人或授予内职的例子。我们应遵循旧规，不可私自更改。汉顺帝因封乳娘宋氏为山阳君、安帝乳娘王氏为野王君，而遭朝臣非议。我等认为，在目前的这种情况下，如果您想赐封爵位，应该依照前朝旧例，封杨氏为安圣君，王氏为福圣君。"哀帝无奈，只得顺从。

一个月后，朱温为避讳祖父朱信和父亲朱诚的名字，下令将成德军更改为武顺军，其管辖的藁城县改名藁平，并改信都为尧都，阜城为汉阜。朱温为避讳父祖的名字而改地名，可见他的不臣之心已昭然若揭。

905年冬，哀帝打算拜天祭祀。当时，各衙门已为举行祭祀仪式做好了各种准备，宰相也已经下到南郊坛演习礼仪。朱温知道之后，十分不悦，认为祭拜天地是想延长大唐国运。参与祭祀的大臣都很害怕，就以改期为由，取消了祭祀之事。

后来，哀帝加封梁王朱温为相国，继而又晋封他为魏王，同时兼任原来的诸道兵马元帅、中书令等职务。此外，哀帝还特批他上朝不用行跪拜礼，上殿可以佩带刀剑。这等殊遇，就连汉初相国萧何和汉末丞相曹操都不曾享有。

大唐末帝，被废身死

唐哀帝孑身一人住在皇宫，周围都是朱温派来监控他的人。没多久，大臣柳璨和张廷范也被朱温杀害。

907年春，朱温胁迫唐哀帝让位，自立为皇帝，并改国号为梁，即历史上的后梁。随后，朱温废封哀帝为济阴王，并将他安顿在开封以北的曹州（今山东菏泽），即其心腹氏叔琮的府邸所在。

太原李克用、凤翔李茂贞和西川王建等均不认可后梁，依然奉唐朝为主。朱温害怕已废的皇帝在各地藩镇的拥护下会再次威胁自身的利益。为免除后患，908年春天，朱温命人将哀帝毒死，当时哀帝年仅十七岁。其后，朱温追封他为哀皇帝，并以王侯之礼将他埋葬在济阴。

唐哀帝即位时，唐朝已经支离破碎，任谁也难以挽回衰颓之局势。而哀帝身为大唐的最后一代君主，如傀儡般地度过了他短暂的一生，这是他的悲哀，也是身处那个时代不可避免的悲剧。

◀（唐）银鎏金錾花花鸟纹花口碗

质地为银。此碗呈花口，鎏金，外壁錾刻花鸟纹饰，工艺考究。

907年，朱温废唐哀帝，正式称帝，结束了大唐王朝历时近三百年的统治，五代十国时期自此开始。此后，各地军阀兵锋相向，战事连连，中原人民饱尝战乱之苦——中国历史迈进了又一个分裂混战的时期。

公元618年~公元907年
/////////// 大唐盛世 ///////////
朱温灭唐建梁

参加义军，屡立战功

朱温，宋州砀山人，小名朱三，自幼丧父，跟随母亲在萧县刘崇家做奴仆。朱温长大后，不好农事，自恃勇猛威武，当地人都不喜欢他。当时，刘崇常因朱温四体不勤、好逸恶劳而鞭打他，可刘崇母亲却十分关爱朱温，经常对别人说："朱三非等闲之辈，你们一定要好好对他。"人们问她原因，她说："我见他在睡觉的时候，就像一条龙。"即说他有当帝称王之相。

僖宗年间，关东地区遭遇旱灾，百姓没有食物，官吏却依旧强行征讨税赋，搞得民穷财尽。黄巢在曹州、濮州一带招集农民，揭竿起义，朱温便带着兄长加入到起义的队伍中。在攻城作战中，他骁勇善战，功绩卓著，很快被提升为义军队长。

880年，黄巢在长安称帝，派朱温镇守东渭桥。此桥是长安门户，关系着长安城的安危，可见黄巢对他十分信赖。当朱温驻守东渭桥时，唐夏州刺史诸葛爽兵锋直指栎阳，企图攻占长安。朱温受黄巢之命，策反唐军。他派人深入唐军内部，以功名利

禄相诱，兼以军队威势相逼，劝服夏州刺史诸葛爽率众投靠黄巢。可见，朱温并不是一个只会用武力打仗的人。

881年，朱温被黄巢任命为东南面行营都虞侯。在东面，他率军攻取了南阳；在西面，击败了邠、岐、鄜、夏等州的唐朝官兵，从此名声大振。然而，这也引起了不少将士的忌恨，朱温与这些人之间的矛盾逐渐尖锐。

后来，他在担任同州防御使的时候，遭到唐朝河中节度使王重荣的重挫。他多次上奏请求援助，都被黄巢属下孟楷拦截，最终朱温全军溃败，伤亡惨重。这次事件再度激化了朱温和其他义军将领之间的矛盾，也让朱温心灰意冷。

叛主投唐，雄踞一方

经过一番深思熟虑，朱温断定义军内部若继续如此明争暗斗，尔虞我诈，一定会失败。为明哲保身，他决意投靠朝廷。朱温与部下秘密商议后，杀死了黄巢派出的监军使，率领众将士向唐将王重荣请降。朱温突然

◀（唐）黄釉胡人俑

此陶俑的面貌和服饰明显地带有唐代西域胡人的特征。陶俑深目高鼻，蓄有大东胡子，头戴毡帽，身穿圆领窄袖衣袍。唐代曾有大批胡人经海路或陆路进入中国境内，他们除从事商业、宗教和艺术活动外，亦有少数是官廷或贵族雇用的奴仆。

▶（唐）金刚手菩萨像

通高二十二厘米，铜镀金。右手结施无畏印，左手持金刚杵。头戴三叶花冠，发缕垂于两肩。头后有环状火焰纹头光，火焰纹内侧饰有连珠纹。身饰项圈、臂钏、手镯，肩挂禅思带。着短裙，裙上饰装饰性浅细衣纹。腰间束带，垂于两腿间，呈锥形，有聚褶。胯间束宝带，在右腿外侧打结并有垂角，饰褶纹。身形优雅，重心微向左移，右腿略向右伸，姿态自然。足下原应有座，今失。

降唐，使得义军和朝廷之间的实力对比发生严重倾斜，义军一下子陷入不利的境地。唐僖宗立即派人到河中宣诏，加封朱温为左金吾卫大将军兼河中行营副招讨使。

884年，朱温率军与黄巢义军交锋。经过一番苦战，朱温攻克了瓦子寨、西华寨，并解除了义军对陈州的围困，因此威名远扬。是时，僖宗派河东节度使李克用率数千骑兵前来援助。李克用与朱温会合后，联合进攻，大败义军。

不久，朱温和李克用带领军队回到汴州，李克用驻守上源驿。有一日在庆功宴上，李克用因醉酒不能自持而大放厥词，称朱温为逆贼，并说了一些侮辱他的话。此事令朱温十分气愤，当天夜里他便命令手下围攻李克用军营。当时正好下着瓢泼大雨，李克用趁乱跃墙而逃。他们二人自此结仇，势不两立，并彼此征讨二十多年，虽互有胜败，但谁都不能将对方彻底击垮。

在后来十多年的时间里，朱温依靠汴州优越的地理位置，东征西讨，渐次兼并了中原与河北诸地的藩镇，成为雄踞一方的大藩镇势力。朝廷因畏惧他雄厚的军事实力而对他有求必应。

掌控朝政，灭唐称帝

900年，宦官刘季述将昭宗软禁，改立德王李裕为帝。刘季述为了争取到朱温的帮助，命儿子刘希度转告朱温，假称愿将皇位送与他。朱温经过一番思考，认为应该解救皇帝，铲除奸佞，以此

〉〉〉唐朝和吐蕃双方派使节，先在唐京师长安盟誓，次年又在吐蕃逻些（今拉萨）盟誓。

◎看世界／ "苏丹"之职出现　　　　◎时间／842年　　　　◎关键词／突厥将领阿胥那斯

在天下树立威信。于是，他派属下李振到长安与宰相崔胤商议解救昭宗的策略。后来，崔胤与侍卫将军孙德昭联手，杀死了刘季述等宦官。

昭宗复位后，宰相崔胤把持军政大权。崔胤因在处理政务中极力排斥宦官，而招致宦官憎恨。于是，宦官们唆使禁军擂鼓呐喊，故意说宰相私自减少禁军冬衣，扣减禁军粮饷，蓄意谋反。在宦官的威逼下，昭宗只得罢免了崔胤的相位，继而，昭宗又落入了宦官的掌控之中。

904年正月，朱温率兵从汴州出发，进军京师，满朝上下惊作一团。朱温秘密命令大将朱友谅矫昭宗之命，诛杀了宰相崔胤和京兆尹郑元规，铲除辅佐昭宗的人，接着迫使昭宗迁都洛阳。当时，皇后即将分娩，昭宗请求等皇后产后再迁都，却被朱温断然回绝。同年，朱温为绝后患，又指使手下杀害了昭宗，并借皇后之命立十三岁的李柷为帝，是为唐哀帝。907年春，朱温再也按捺不住称帝的野心，在宰相张文蔚率百官"劝谏"之后，终于灭唐自立，改元"开平"，国号"梁"，史称"后梁"。岂料五年后，朱温就因众子争储，被亲子朱友珪所害，终年六十一岁。

朱温一生在治理国家方面还是有一些功绩的。他十分重视发展辖区内的农业生产，曾派专员掌管农事，这对恢复和发展晚唐战乱之后的农业生产有极大的作用。此外，他还带领中原地区的农民抵抗灾害，推广农桑，发展经济，并采取轻徭薄赋的措施，鼓励各地流民回原籍耕作。这些举措在一定程度上缓解了百姓所受的战乱之苦。

然而，朱温为人阴险狡诈，嗜杀成性，经常滥杀无辜，其残忍程度令人发指。此外，他荒淫无度，行同禽兽，自正妻张氏去世后，他便沉溺于声色之中，史称其"纵意声色，诸子虽在外，常征其妇入侍，帝往往乱之"。所以在中国历史上，朱温是一个臭名昭著的人物。

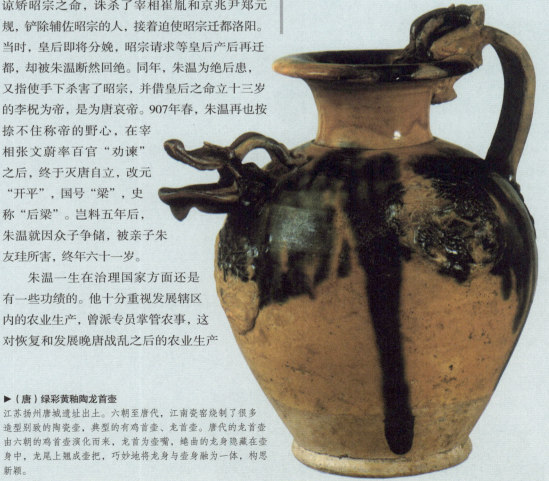

▶（唐）绿彩黄釉陶龙首壶

江苏扬州唐城遗址出土。六朝至唐代，江南瓷窑烧制了很多造型别致的陶瓷壶，典型的有鸡首壶、龙首壶。唐代的龙首壶由六朝的鸡首壶演化而来，龙首为壶嘴，蜷曲的龙身隐藏在壶身中，龙尾上翘成壶把，巧妙地将龙身与壶身融为一体，构思新颖。

玄奘是唐代举世闻名的哲学家、旅行家、翻译家、佛学大师，他俗名陈祎，玄奘是其法名。玄奘十三岁出家，多年来一直潜心研习佛学，却发现国内的佛教经论体系繁杂，有些经义歧见纷出，甚至有不少讹误。即使已经深入研习国内主要经书，广参名师，他却仍对许多典籍"莫知适从"。后来，他听说天竺佛经甚多，便决定西行求法，以解困惑。

公元618年~公元907年
大唐盛世
玄奘西行求法

年少出家，佛名远扬

玄奘出身于官宦世家，他的曾祖陈钦做过北魏上党太守，祖父陈康官至北齐国子博士，父亲陈惠在隋朝时曾任江陵县令，后辞官回乡，一边务农，一边读书。

陈惠是一位儒学大家，在儒学研究方面取得了很高的成就。不仅如此，他还笃信佛教。他有四个儿子，陈祎最小。当时正值佛教风行，陈祎的二哥陈素在洛阳净土寺剃度为僧，法号长捷。在二哥的熏陶下，陈祎从小就对佛学产生了浓厚兴趣，十一岁时就能"诵《维摩》《法华》"，十三岁时即在洛阳出家做了和尚，法号玄奘。当时，寺里有高僧宣讲《涅槃经》，玄奘

终日手不释卷，甚至连吃饭和睡觉都顾不上。因天资聪明，加之刻苦研习，他很快就参透了《涅槃经》等佛教基本经典的义理。

后来，他又研究佛经《摄大乘论》，并对其尤为钟爱。听高僧讲经时，他往往听完一遍，即能把握其中要领，再看一遍就能完全理解。其他僧人对此惊羡不已，就让他登上座位复述一遍，他在复述时，绘声绘色，口若悬河，与法师所讲分毫不差，玄奘自此声名远扬。

后来，玄奘曾到荆州天皇寺给当地的僧侣名士们讲解《摄大乘论》和《毗昙》等佛经，从夏到冬，每本佛经各讲三遍。过了半年，玄奘从荆州北上，游历大江南北，遍访名师，最后历经艰难险阻终于去到长安，拜法常、僧辩两位佛学大家为师。这时的玄奘已经"誉满京邑"，是长安的知名人物，他的两位老师也称赞他是"佛门千里驹"。

玄奘壮游南北，广参名师，了解各家学说，博取众长。但经过多年的潜心钻研，他发现诸家对于佛经的释义各持一说，而且很多已然翻译成汉文的佛经，都词不达意。所以，玄奘决意前往佛教的发源地印度，取经求法，解决疑难。

立志解惑，西行求法

627年，玄奘混在难民中，从长安出发，开始了闻名世界的西行取经之旅。由于

◀**大雁塔前的玄奘铜像**
今天陕西西安的大雁塔原名大慈恩寺塔。大慈恩寺是当年玄奘翻译佛经的地方，而寺塔是为存放从天竺取回的佛经而建。大雁塔南门的南广场是玄奘广场，广场上立有玄奘铜像。

〉〉〉崇圣寺千寻塔建成，这是我国现存的唐代最高砖塔之一，位于今云南大理西北苍山之麓、洱海之滨，现寺毁塔存。

▲（唐）佚名《行脚僧图》

唐代绢画《行脚僧图》，出自举世闻名的敦煌藏经洞，表现的是一位行脚僧人负笈行进在沙漠之中的情形。高僧高鼻深目，长眉花白，衣衫褴褛，脚穿草鞋，手牵一虎，作长途跋涉劳累的样子，但是神情十分虔诚、执着，表现了一个西来的高僧不畏艰辛向东远行授经传道的精神面貌。造型奇特传神，用笔古拙质朴，情趣盎然。

当时没有海上航线，所以横跨欧亚大陆的丝绸之路是我国与西方各国进行交流的唯一途径。

唐朝时，丝绸之路自甘肃敦煌往西共有三条路，但每一条都充满艰险。尽管前方的道路吉凶难料，但玄奘依然坚持，并发誓："若不至天竺，终不东归一步。"玄奘先抵达兰州，后又几经周折到达了河西走廊东端之咽喉——凉州（今甘肃武威）。

这时，大唐初建，疆域还没扩展到西域，所以朝廷禁止百姓离境。河西之地遍

布沙漠，水源极少，玄奘行至半路时，曾因严重缺水，而在内心进行了一番激烈的思想斗争。五天四夜后，他终于在顽强的意志支撑下，走出沙漠，抵达伊吾（今新疆哈密）。继而，玄奘打算从北道出发，经伊吾越过天山去往可汗浮屠城（今新疆吉木莎尔）。

玄奘西行取经之事早已在西域各地传开。当时的高昌（今吐鲁番）国王执意挽留玄奘，想让他做高昌寺院的住持，玄奘以绝食表明西行取经之志。后来，高昌国王终被玄奘执着的精神感动，下令为他准备行装。同时，他还给西突厥和龟兹（今新疆库车）等二十四个国家的国王写信，并准备了赠给西突厥可汗和沿途各国国王的礼物，派殿中侍御史欢倍及二十五个奴仆一路护送玄奘。离开高昌后，玄奘翻过银山，越过焉耆，抵达龟兹国，又从龟兹穿过姑墨国（今新疆阿克苏）继而向北越过凌山（今天山穆素尔岭），抵达热海（今吉尔吉斯斯坦境内伊塞克湖），然后沿热海往西北前进。玄奘到达碎叶城（今吉尔吉斯斯坦托克马

▼（唐）《大唐西域记》（书影）

唐玄奘西行求法，645年返抵长安。后由玄奘口述、辩机撰成《大唐西域记》十二卷，记述了玄奘亲历西域不同城邦和国家的见闻，为后人留下了研究唐代东西文化交流的重要资料。

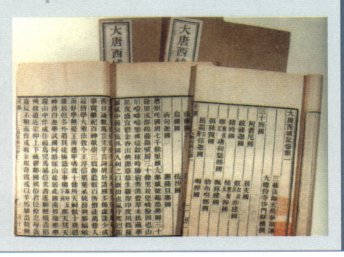

克附近）时，参见了西突厥可汗。西突厥可汗对玄奘礼遇有加，不仅派通晓各国语言的人充当玄奘的翻译，还派专人陪护玄奘。玄奘从西突厥南下后，到达了河中地区（今阿姆河、锡尔河一带），接着又穿过铁门关，横渡阿姆河，翻过兴都库什山，最终到达北印度边境。玄奘西行之旅，经过一百多个国家，才抵达佛教源地——天竺。

当时的天竺分为五部。玄奘到达后，立即遍访佛教圣迹，并四处求学，走遍了北印度、中印度各国。

631年，他进入中印度伽耶城（今印度比哈尔邦加雅城），前往举世闻名的那烂陀寺求法。那烂陀寺建寺已有七百多年，是当时天竺最大、最宏伟的佛寺，也是佛教文化中心。此寺不光讲解经义，对因明（逻辑学）、声明（音韵学）、婆罗门经典以及医术等也都深有研究，其教徒已达万人之多。那烂陀寺院的一切费用都由国家供给，正是因为有政府对其各项活动的大力支持，那烂陀寺才得以长盛不衰。寺内僧徒勤奋好学，治学严谨，思想活跃，常常举行各类讲学和论辩活动。其住持戒贤法师已近百岁高龄，无论学识，还是品德，皆为世人敬仰，被当地人尊奉为"正法藏"。玄奘在那烂陀寺勤学苦研五年后，又到南印度等地游学。六年后，玄奘再次返回那烂陀寺，这时的他已是个佛学造诣极高的大学者。

645年，玄奘携带六百多部佛经，回到离开十余年的长安。此后，他潜心翻译从天竺取回来的经卷，并创立了法相宗教派，其教义的重点是万法唯识，所以又称唯识宗。

此外，玄奘还与弟子们一起撰写了《大唐西域记》，他把亲自到过的一百多个国家和听到过的二十八个国家的地理情况、风俗习惯、生产生活、宗教信仰等记录下来，这是一部重要的历史和地理著作，也是研究中外文化交流、佛教历史及交通史、民族史的珍贵资料。

664年春，玄奘因积劳成疾，病逝于京师。然而，玄奘舍身求法、励志奋进、不慕荣利的精神早已融入中华文化，成为中华文化重要的组成部分。玄奘西行的历史意义，也早已超越了时间、空间和宗教的限制，成为全人类的共同财富。

▶（唐）《西行求法图》
甘肃敦煌莫高窟第三窟壁画。该壁画表现了玄奘"冒越宪章，私往天竺"取经的情形。

◎看世界／俄国留里克王朝开始　　　　　◎时间／862年　　　　　◎关键词／留里克 罗斯公园

吴道子是盛唐时代最伟大的画家,也是一位全能画家,人物、鬼神、山水、楼阁、花木、鸟兽等无所不精,其画风被誉为"吴带当风",对后世画家产生了深远的影响。千百年来,他一直享有"画圣"和"民间画工之始祖"的美誉。苏东坡在《书吴道子画后》一文中赞道:"诗至于杜子美(杜甫),文至于韩退之(韩愈),书至于颜鲁公(颜真卿),画至于吴道子,而古今之变,天下能事毕矣!"

公元618年~公元907年
////////// 大唐盛世 //////////
画圣吴道子

分,二十岁时,他在当地就已小有名气。

709年,吴道子初入仕途,在中书侍郎韦嗣立手下做一个小官。他酷爱饮酒,每次作画时都会举杯豪饮。后来,他转任瑕丘县尉,大概在开元初年时辞官,定居东都洛阳。吴道子画艺精深,很快就名满洛阳画坛,不久便被唐玄宗召到京师,任宫中画师。玄宗下诏,没有皇帝之命不许他擅自作画。

此后,没有皇帝的诏令,吴道子就不能作画。如此一来,他的创作大受束缚,但与此同时,他也过上了优裕的生活,不用再四处流浪,可以在统治阶层发挥自己的才能。

画技高超,入宫侍君

吴道子是阳翟(今河南禹州)人,自幼失去双亲,生活贫苦。迫于生计,他开始跟随民间画工和雕匠艺人学习绘画。因为刻苦好学,且很有天

吴道子大部分时间都在宫中作画。有时,他也随同玄宗到各地游玩。有一次,他跟随玄宗到达东都洛阳,遇见了大将军裴旻和书法大家张旭。他与此二人各自施展才艺:裴旻擅长舞剑,立刻持剑起舞;张旭以草书见长,便肆意挥毫,作书于墙壁之上;吴道子以画闻名,高举画笔,一气呵成,作成一画。洛阳的文人墨客见此都惊羡不已,高兴地赞叹道:"仅一天的时间,就目睹了三种绝技。"

裴旻的母亲离世时,裴旻专门请吴道子在东

▼(唐)吴道子《送子天王图》(局部)
吴道子的代表作。内容是介绍佛教创始人释迦牟尼受天命降生在净饭王家中,净饭王夫妇正抱着幼小的释迦牟尼去受洗礼,一路上受到外教魔王的尊敬。这些人物面部都用细而淡的线条描绘,以表现肉感,而衣服袖袍却用了有粗细变化、顿挫明显的线条,表现厚薄不同的衣料特质,特别是几条飘带和衣摆,运用了有转折变化、自然而流畅的长线条,把在迎风飘动时的动势表现得极其生动。

▶（唐）《维摩诘图》

敦煌莫高窟第一百零三窟壁画。这幅壁画描绘的是维摩诘称病在家，佛祖派遣文殊师利等弟子去看他，席间维摩宣扬大乘佛教的场面。该画作是唐代同类题材作品中最生动传神的一幅，旧传为吴道子所作。

都天宫寺作鬼神画。吴道子说："我很久不作画了，如果将军一定要画，那就请你持剑起舞，这样或许能激发我作画的灵感。"裴旻听完，立即脱去丧服，拔剑起舞。剑在他的手中左右翻转，忽然被抛向高空，超出地面数丈，继而又如电光般坠下，而裴旻则从容自若地举起剑鞘，剑便不偏不倚地落入鞘中。当时在场的围观者见到此景，都为他精绝的技艺惊叹欢呼。吴道子看完以后，灵感骤生，奋笔作画，一挥而就。

一次，玄宗令吴道子游览蜀地山水，并要他打下初稿回宫作画。可吴道子回来时，并没有带回任何画稿。玄宗知道后十分不悦，吴道子却胸有成竹地开始在殿上现场作画。他挥洒自如，酣畅淋漓，只用一天功夫就完成了。玄宗见此，赞叹不已。

在吴道子之前，以山水画见长的著名画家李思训也曾在殿上作蜀地山水画，尽管他的画也十分精绝，却是花费了几

个月的时间才作成，而吴道子仅用一日便完成了画作。所以，玄宗称赞道："李思训数月之功，吴道玄一日之迹，皆极其妙也。"吴道子画技之高可见一斑。

725年，玄宗封禅泰山，吴道子随同前往。仪式结束之后，回到潞州时，玄宗一队车马经过金桥时呈现蜿蜒曲折的景象，十分壮观。于是玄宗立即召来了吴道子、韦无忝和陈闳三人，让他们共同描绘一幅《金桥图》。玄宗及所乘白马的绘制工作由陈闳承担，韦无忝专管狗马牛羊等动物的描绘，桥梁山水等主体部分则由吴道子负责描绘。完成后的《金桥图》，被时人赞誉为"三绝"。

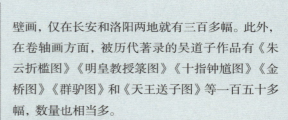

▼（唐）金冠
新疆吐鲁番交河故城沟西墓出土的随葬品。

教徒授技，成就卓越

吴道子一生的主要精力都用在宗教壁画的创制上，其创作的宗教壁画取材十分广泛。他曾在壁画里将菩萨像画成自己的形貌，这充分表明吴道子对神的世界有独到的认识。他能够突破宗教教规的约束，凭借想象随性发挥，可见，他不是站在教徒的立场作画，而是从画家的角度来看待宗教。

唐代，佛教和道教风行，宗教艺术也得益于此而迅速发展起来。这段时期内，吴道子的佛画艺术成就非凡。正因为吴道子在创作上不墨守成规，敢于推陈出新，所以才能在绘画领域声名卓著。他的绘画作品被历代画家奉为典范，享有"吴家样"的美誉，由此足见后世画家对他的崇拜之深。

吴道子十分热爱绘画艺术，他一生所创制的

壁画，仅在长安和洛阳两地就有三百多幅。此外，在卷轴画方面，被历代著录的吴道子作品有《朱云折槛图》《明皇教授箓图》《十指钟馗图》《金桥图》《群驴图》和《天王送子图》等一百五十多幅，数量也相当多。

吴道子在创作之外，还教授学徒，将其一身绝艺传于后世，使他的绘画技艺得以传承。据《图绘宝鉴》和《历代名画记》记录，吴道子的徒弟很多，其中尤以卢稜伽、李生、张藏、韩虬、朱繇和翟琰等人最为有名。

吴道子鼓励学生多多实践，不让他们死学绘画理论。他常常让学生们描摹他的画稿，或者让他们遵照他的要求着色。《历代名画记》记载道："吴生（道子）每画，落笔便去，多使琰（翟琰）与张藏布色。"有时，吴道子作壁画甚至只画一个轮廓，剩下的部分都让学生们完成。洛阳敬爱寺中的"日藏月藏经变"就是由吴道子描出轮廓，再由翟琰完成的。

吴道子的画在绘画史上地位突出，影响深远，意义重大。他也以其卓越的成就，而被后世画家尊为"师祖""画圣"。

〉〉〉晚唐书法家柳公权去世。柳公权官至太子少师，书法自成一家，与颜真卿齐名，人称"颜筋柳骨"，代表作有《玄秘塔碑》等。

865年

◎看世界／拜占庭皇帝建马其顿王朝　　　　◎时间／867年　　　　◎关键词／瓦西里

李白是继屈原之后我国文学史上又一位伟大的浪漫主义诗人，被誉为"诗仙"，他也是盛唐诗坛的中流砥柱，他的诗歌对后世的影响极其深远。唐代著名诗人韩愈、李贺，以及宋代的欧阳修、苏轼、陆游，明代的高启，清代的屈大均、黄景仁、龚自珍等人，都在很大程度上受到李白的影响。由于在中国诗歌发展史上具有无可替代的地位，李白被称为"中华诗坛第一人"。

公元618年~公元907年
//////////大唐盛世//////////
诗仙李白

任侠轻财，离蜀远游

李白，字太白，从小酷爱读书，成年后倚剑行侠，仗义疏财。

725年，李白离开蜀地遍游河山，行至江陵时，遇见了当时极负盛名的道士司马承祯。司马承祯擅长写诗为文，他见李白风流倜傥，气度不凡，再见李白的诗文，更是惊为天人，便称赞他有"仙风道骨"。

从江陵离开后，李白继续乘舟东行，在经过洞庭湖时，他的同伴吴指南突然发病身亡。李白悲恸不已，将吴指南埋葬在洞庭湖边，后独自一人东游而去。

接着，李白来到了六朝古都金陵，在这里停留了一段时间后，又从金陵出发，去往扬州。随后，李白从越西返回到荆门，在这里

逗留了三个月。尽管他十分想念家乡，却自认为毫无作为，而无颜回去，于是决计再次出游。

后来，他再次来到洞庭湖，将友人吴指南的坟迁移到江夏（今湖北武昌）。在江夏，他与孟浩然相识。不久，李白来到安州，寄宿在寿山的一座道观中。可李白并不甘心一生隐居于此，他还是想等候时机入朝做官，求取功名。他在隐居寿山期间，曾以游说的方式结识各方官员，以提高自己的知名度。

▼（唐）李白《将进酒》意境图

《将进酒》原是汉乐府短箫铙歌的曲调，题目意即"劝酒歌"，李白重新填词成篇。全篇大起大落，诗情忽翕忽张，由悲转喜、转狂放、转激愤、转癫狂，最后归结于万古愁，回应篇首，如大河奔流，纵横捭阖，力能扛鼎。全诗五言繁会，句式长短参差，气象不凡。此篇如鬼斧神工，足以惊天地、泣鬼神，是李白的巅峰之作。其中"人生得意须尽欢，莫使金樽空对月。天生我材必有用，千金散尽还复来"成为后世传颂的千古名句。

◎看世界／君士坦丁总主教召开会议	◎时间／867年	◎关键词／开除罗马教皇教籍

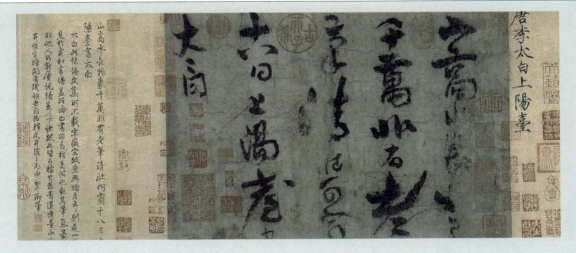

▲（唐）李白《上阳台帖》

行草书，五行，二十四字，有款，款署"太白"二字。帖前隔水上有宋徽宗赵佶瘦金书题签"唐李太白上阳台"七字。《上阳台帖》为李白书自咏四言诗，也是其唯一传世的书法真迹。《上阳台帖》用笔纵放自如，快健流畅，于苍劲中见挺秀，参差跌宕，奇趣无穷。

积极入世，不恋功名

皇天不负有心人，李白的文学才能终于引起了宰相许圉师的注意，并且李白还被招为宰相的上门女婿。从此，李白以安州妻家为基地，又数次远游，结交了很多官员。

735年，唐玄宗出外游猎。此时李白也在长安，他抓住时机呈献了《大猎赋》，期望得到玄宗器重。同时，李白还结交了卫尉张卿，并在他的帮助下得以向玄宗的妹妹玉真公主进献诗作。至此，他开始和朝廷的上层人物有了交流。可是，一年以后，李白依旧寄居长安，没有担任一官半职，他只得告别长安再次开始游历生活。

742年，在玉真公主和贺知章的大力推荐下，唐玄宗阅读了李白的诗作，并对他颇为赞赏，于是召其入宫。一番交谈之后，玄宗对他更加赏识，当即授予他翰林供奉一职，负责拟定文书，在皇帝身边陪伴侍奉。

玄宗每次设宴或出游，都一定让李白伴随在身边，并令他随时作诗记录。李白得到玄宗的这般宠爱和信任，自然招致宦官和同僚的憎恨与嫉妒，他们千方百计地在玄宗面前诬蔑李白。同时，李白放浪不羁的行为，也引起了权贵的反感，他们同样排斥李白。

唐玄宗统治后期，宦官和外戚得势，政治黑暗。李白目睹这一切，他满腔为国为民的热情明显消减，他深知，自己虽然身在京师，但满腹才华再也得不到发挥了。

李白因目睹朝纲败坏，又遭受同僚排挤，而对官场彻底绝望，决计辞官出游。恰在此时，朝廷下诏，将李白赐金放还。李白舍弃功名，又一次辞别长安，出外游历。在744年到755年初的十多年的时间里，李白遍游了祖国的名山大川。

755年，爆发了安史之乱，李白隐居庐山。当时，李白在隐居自保与挽救天下这两种思想中挣扎。恰在此时，永王李璘率军东巡，李白应其邀请加入了他的幕府。可是没过多久，永王兵败被杀，李白也受其连累入狱。后来他被放逐到夜郎（今贵州桐梓）。值得庆幸的是，759年，朝廷大赦天下，李白由此被宽免。

761年，李白因身患重病而回到金陵，因生计所迫，投靠族叔李阳冰。762年，李白病逝，享年六十二岁。

中华诗仙，名垂千秋

李白的诗歌现存九百多首，其中为数众多的政治抒情诗，充分表达了他的高远志向。其诗大气磅礴，意气风发，是盛唐诗歌激昂豪迈特色的典型代表。

青年时期的李白，满怀豪情壮志，朝气蓬勃，经常自比大鹏，其在《上李邕》中写下"大鹏一日同风起，扶摇直上九万里"，万丈豪情喷薄而出。在长安因官场落拓失意而归后，他那满腔昂扬的政治热情受到重挫，于是开始极力宣泄抑郁不得志的愤懑不平，发出了"大道如青天，我独不得出。羞逐长安社中儿，赤鸡白雉赌梨栗。弹剑作歌奏苦声，曳裾王门不称情"的千古呼喊。

除此之外，李白还经常以酣畅淋漓的饮酒诗来排解不得志的愁苦。比如他在《将进酒》中仰天呐喊："人生得意须尽欢，莫使金樽空对月。天生我材必有用，千金散尽还复来。烹羊宰牛且为乐，会须一饮三百杯。"李白的诗歌想象奇特，

变化万端，句式长短交错，正与其豪迈激昂的性格相吻合，形成他独特的艺术风格。

李白一生创作了大量的诗歌作品，题材十分丰富。所作的七言古诗有《蜀道难》《行路难》《梦游天姥吟留别》《将进酒》《梁甫吟》等，五言古诗有《古风》五十九首，七言绝句有《望庐山瀑布》《望天门山》《早发白帝城》等，乐府民歌《长干行》《子夜吴歌》等，均为杰作。

李白在唐代已经大名鼎鼎，他的诗名几乎家喻户晓，"床前明月光，疑是地上霜""安能摧眉折腰事权贵，使我不得开心颜"等名句至今脍炙人口。从艺术成就上讲，李白的乐府及绝句成就最高。他的绝句明快畅达，潇洒飘逸，能以简单的语言表达出无尽的情思。

在盛唐诗人中，王维、孟浩然长于五绝，王昌龄等长于七绝，兼长五绝与七绝并至极境的，唯有李白一人。杜甫曾评价他"笔落惊风雨，诗成泣鬼神"——李白的确当属中华诗坛至今无人能及的"第一人"。

◀李白像

李白（701～762），唐代伟大的浪漫主义诗人。其诗风豪放、飘逸洒脱，想象丰富，语言流转自然，音律和谐多变。他善于从民歌、神话中汲取营养，构成其特有的瑰丽绚烂的色彩，是屈原以来积极浪漫主义诗歌的新高峰，与杜甫并称"大李杜"，又被誉为"诗仙"。

〉〉〉庞勋率领数百戌卒发动起义，不久便攻陷了宿州、徐州、泗州、滁州等地。

杜甫是中国文学史上杰出的现实主义诗人，有"诗圣"之誉。他生活的年代正是唐朝由盛而衰的时期。他用诗笔写出自己在安史之乱中的见闻和感受，全面而深刻地反映了这一时期的社会现实。杜诗具有十分广泛的社会内容、鲜明的时代烙印以及明确的政治立场，所以在当时就已经被誉为"诗史"。

公元618年～公元907年
//////// 大唐盛世 ////////
诗圣杜甫

才华出众，意气风发

杜甫，字子美，生于巩县，祖籍襄阳。他出生于官宦之家，其祖父杜审言在当时官拜膳部员外郎，父亲杜闲也曾出任奉天县令和兖州司马，可是到杜甫出生时，家道已逐渐衰微破落。这深深地影响了他后来的生活和创作。

杜甫从小就才识过人，七岁能作诗，九岁能作文，十几岁时他的诗文就得到了认可，深得当时名士的赞赏，说他颇具班固、扬雄之风。

731年，杜甫决定远游。这次出游拓展了他的视野，增加他的人生阅历，丰富了他的知识，对他后来的诗歌创作起到了很大的作用。

735年，杜甫从江南回到洛阳，首

次参加进士考试，可惜榜上无名。但因为那时他并没有急切求取功名的想法，所以这次落榜并没有令他心情压抑。此后不久，他再次出游。他离开洛阳，去往东北方向的齐赵一带，这次游历达五年之久。这时正值唐朝鼎盛期，杜甫所到达的地方，都呈现出一派升平的景象。这时的杜甫也气宇轩昂，满怀雄心壮志。他游览到东岳泰山时，面对巍峨的山峦，不由得发出"岱宗夫如何？齐鲁青未了"的感慨。从这时起，正值而立之年的杜甫，开始潜心创作。

741年，杜甫出游而归，回到河南，娶妻生子，并在首阳山下定居。

身逢乱世，一生落魄

746年，杜甫第二次来到长安参加科举考试，却因宰相李林甫大权独揽，蔽塞言路，排斥贤才，以"野无遗贤"草草收尾，使得当年参加科考的无一人跃龙门。

后来，杜甫生活逐渐困窘，为得到赏识，实现自己的政治理想，他只得常常参加贵族聚

▶杜甫像
杜甫生活在唐朝由盛转衰的历史时期，其诗多涉笔社会动荡、政治黑暗、人民疾苦，被誉为"诗史"。杜甫忧国忧民，人格高尚，诗艺精湛，被后世尊称为"诗圣"。

▲杜甫草堂

草堂位于四川成都西门外的浣花溪畔，是杜甫流寓成都时的故居。经历代保存、修葺、扩建，现已变成一处集纪念祠堂和诗人旧居为一体的著名文化圣地，其建筑古朴典雅，园林清幽秀丽。

会，献诗陪酒，试图谋求一官半职。751年，玄宗举行祭典仪式，杜甫认为这是他施展诗才的良机，于是乘机呈献了"三大礼赋"。果然，玄宗读后，对杜甫颇为赞赏，又令宰相给出题目，测试杜甫写文章的才能。可考试结束后，他只获得了待选官员的资格。直到755年，杜甫才被授予一个河西尉的小官职位。杜甫不愿上任，故意拖延了一段时间，后来才又被任命为右卫率府兵曹参军。

安史之乱发生后，潼关失陷，杜甫将家人安顿在鄜州后，一个人前去投靠肃宗，行至途中被安史叛军抓获，被押到长安。在长安兵荒马乱的局势下，他听到官军节节败退的消息，写下了著名的《月夜》《春望》《哀江头》《悲陈陶》等诗。后来他逃亡到凤翔，出任左拾遗。杜甫直言敢谏，曾因为宰相房琯战叛军失利之事开脱，被降职为华州司功参军。后来，他以诗的形式记录了他的所见所闻，作成"三吏""三别"，这也是他的不朽名作。"三吏"包括《石壕吏》《新安吏》《潼关吏》，"三别"包括《新婚别》《无家别》《垂老别》。

由于官军屡屡败退，关中告急，杜甫便辞掉官职，带着全家随同百姓一同逃难，后来逃亡到成都，才过了一段较为太平的日子。他的好朋友——成都刺史严武回朝后，蜀中发生军事叛乱。杜甫流浪到梓州、阆州一带。后来，严武以剑南节度使的身份回到成都，杜甫又前去投靠他。严武死后，杜甫再度过起了漂泊生活。他的名篇《水槛遣心》《春夜喜雨》《茅屋为秋风所破歌》《病橘》《登

〉〉〉庞勋战败被杀，起义失败。之后唐官军大力捕杀庞勋亲族，株连数千人。

▶（唐）杜甫书南山诗刻（清道光年间拓）

唐乾元二年（759）书，刻于四川巴州城南。石刻楷书十行，行十八字，拓本一轴。前有"府太中严公九日南山诗，乾元二年，杜甫书"题签，后有周肇祥跋并钤"养庵"章。乾元二年，严武任山南西道度支判官，杜甫为其幕僚，重九日赋诗刻石，乃有此书刻流传于世。杜甫书刻罕见，书法森峻，十分珍贵。

楼》《蜀相》《闻官军收河南河北》《又呈吴郎》《登高》《秋兴》《三绝句》《岁晏行》等，都是他在这个时期所作。

770年春天，湖南兵马使臧玠率军据守潭州对抗朝廷。杜甫无奈之下，只得携全家逃往衡州。在此期间，他写了《入衡州》《逃难》《白马》和《舟中苦热遣怀奉呈阳中丞通简台省诸公》等诗，真实生动地记录了叛乱的发生以及其举家逃难的过程。

同年冬天，杜甫作《风疾舟中伏枕书怀三十六韵奉呈湖南亲友》一诗，这是他在船上抱病而作的绝笔。这首诗抒发了他将久别人世的哀伤，也表达了他对战乱中的国运民生的担忧。

770年，杜甫病死在湘江的一条小船中，终年五十九岁。

名作传世，中华诗圣

杜甫擅长运用古典诗歌体进行创作，并对其进行创造性发挥。他是新乐府诗体的首创者，其创作的乐府诗促进了中唐时期新乐府运动的发展。他的作品是诗也是史，长于铺叙，回环往复，代表了我国诗歌艺术的辉煌成就。

此外，杜甫在五七律上也表现出创造性，他总结了关于声律、对仗、炼字炼句等完整的艺术经验，将这一体裁发展到十分成熟的阶段。

杜甫死后，韩愈、元稹、白居易等人对他极

力赞扬。元稹和白居易发起的新乐府运动，以及李商隐的近体讽喻时事诗都深受杜诗影响。但杜诗直到宋朝才真正受到普遍重视，宋朝著名文学家王安石、苏轼、黄庭坚、陆游等人对杜甫尊崇备至，文天祥更以杜诗为其恪守民族气节的精神动力。

由此可知，杜诗的影响力已经超出了文学范畴，而杜甫也因此成为备受后人推崇的"诗圣"。

鉴真是唐朝著名的僧人，他传承律宗并将其发扬光大于日本，他还是一位卓有成就的医学家。鉴真十四岁出家，师从大云寺智满禅师，晚年时受日本僧人邀请，赴日传佛。他克服重重困难，先后六次东渡，终于抵达日本。鉴真在日本弘扬佛法，讲授医学知识，大力传播中华文化，是千百年来受到中日两国人民共同尊重的友好使者。

公元618年~公元907年
//////////大唐盛世//////////
鉴真东渡

名气。经过两年的刻苦学习，鉴真跟随道岸禅师到佛教最兴盛的洛阳和长安求学。鉴真二十二岁时，在长安著名寺院实际寺里师从高僧弘景，顺利地通过具足戒。文纲、道岸、弘景都是律宗传人，在高僧的言传身教下，鉴真对律宗的研习越来越精深，并开始在佛教活动中宣讲佛教教义。

713年，鉴真返回扬州，出任大明寺的住持。鉴真积极主持佛教活动，加上他博学多闻，德行高深，因此逐渐声名远扬。733年，道岸的弟子义威死后，鉴真成了此地的佛教宗首。他布道讲佛，传戒僧尼，修建寺宇，还致力于扶贫救弱、教养三宝等善事。鉴真四十五岁时，受戒于他的僧人已达四万多，他成了江北淮南地区"独秀无伦，道俗归心"的知名高僧。

自幼好佛，落发为僧

鉴真俗姓淳于，广陵江阳（今江苏扬州）人。他的父亲笃信佛教，常常去大云寺修禅事佛，并受戒于寺里的高僧智满禅师。受家庭环境的熏陶，鉴真自幼就对佛教文化很感兴趣。他十四岁时陪同父亲到大云寺拜佛，对和蔼而庄严的佛像肃然起敬，随后就向父亲请求出家做和尚。父亲见他十分坚决，于是在得到智满禅师的许可后，为他剃度，取法名鉴真。鉴真落发出家后，开始在大云寺跟从智满禅师学佛。

705年，鉴真跟从道岸禅师学习佛法。道岸是高僧文纲的弟子，也很有

鉴真的律学以"取其精华，去其糟粕"为原则，融合了南山宗、相部宗和东塔宗的教义，逐渐形成了自成一派的律宗佛学。

◀鉴真坐像
鉴真身披袈裟，盘膝而坐，神态慈祥。鉴真临终前，他的弟子为了让其尊容留传后世，特地为他塑造了这尊干漆坐像，后一直保存在日本的唐招提寺内。日本政府将其定为国宝。

历尽艰险，六次东渡

在鉴真生活的时代，佛教在日本日渐兴盛，僧人猛增，但日本却没有能主持受戒仪式的大师，因此日本派遣荣睿、普照两位僧人到中国拜请高僧到本国传法。

当时，唐朝的佛教把受戒看作是皈依佛教的正始，没有受戒的僧人，在寺院里不被重视。日本的佛教是从中国传入的，受中国佛教影响极深，所以日本僧人也十分重视传戒皈依佛门之事。荣睿和普照抵达中国后，先邀请洛阳大福先寺的高僧道睿前往日本，后来又到中国其他各地寻找高僧。不久，他们来到扬州，师从鉴真。

▶（唐）《引路菩萨图》
菩萨天女体态丰腴，容貌端丽，具有动人的丰姿，这在敦煌壁画中多有体现。图中菩萨在前引路，脚下祥云绵长，一女子袖手微低头跟随在后。这件作品体现出画者高超的绘画技巧，设色艳丽，渲染技法娴熟。

◀（唐）敦煌壁画《西方净土变图》
除了佛与弟子外，图中展现了琼楼玉宇、仙山碧树，乐队高奏，舞妓翩翩的华美场面。呈现一派花团锦簇、绚烂华丽的气氛。

742年，他们正式邀请鉴真去日本传戒。鉴真听完，很高兴地答应了，随即就开始制造船只，准备粮食，打算次年启程。但是这个计划后来因为受到官府干涉而搁浅。

743年冬，鉴真带领弟子及船夫一百多人，第二次从扬州出发去往日本。行至途中，他们的船受到飓风袭击破损严重，无法前行，无奈只得返回扬州。此后，鉴真又相继两次东渡，都因种种原因而告于失败，但鉴真并没有放弃，打算再次东渡日本。

748年，鉴真第五次东渡赴日，可是再次被狂风巨浪所阻，没能成功。

在这五次东渡过程中，荣睿和普照一直陪伴着鉴真，风雨同舟，甘苦与共，英勇无畏，不惜为佛法而献身。第五次东渡失败后，荣睿在返回扬州的途中，不幸因病去世。鉴真也因积劳成疾，身染炎症而双目失明。鉴真五次东渡，共有三十六个中国及日本僧人罹难，尽管连遭挫败，但他依然没有动摇远赴日本传法的决心。

753年，六十五岁的鉴真不顾年高体弱，双目失明，搭乘一艘日本木船，开始了第六次奔赴日本的旅程，这次他终于抵达日本。此次跟随他一同来到日本的还有高僧法进、坛静、思托等人，加上三个尼姑，一共二十四人。

754年，鉴真等人进入日本平城京（今日本奈良），日本民众夹道迎接，还为其举行了隆重的欢迎仪式。

弘扬佛法，享誉日本

抵达日本后，鉴真立即开始在东大寺中建筑坛场。他除了亲自为日本天皇、皇后和太子传授戒律外，还为四百多名小沙弥和八十多名僧人传戒。至此，鉴真在日本建立正式的授戒制度，因此被日本人奉为"律宗之祖"。

鉴真远赴日本，带去了很多佛经，如《摩诃止观》《法华玄义》《法华文句》《小止观》和《六妙门》等天台宗的佛经，并在唐招提寺亲自布道讲经，可见鉴真不仅精通律宗，对佛教其他派别的学说也有着颇深的了解。

鉴真及随从弟子除

在日本传授戒律、宣扬佛法外，还给日本佛教注入了新活力。鉴真赴日前，曾在长安、扬州修建了很多寺院，是颇负盛名的寺院建筑师，他的随行弟子中，也有很多出色的建筑师、雕刻师。日本的唐招提寺即是由鉴真及弟子设计修筑的，佛寺的布局和装修，都明显带有唐朝的建筑风格。时至今日，唐招提寺依然是日本最大、最美的佛教建筑。此外，唐招提寺中供奉的佛像，大部分是鉴真从中国带来的，也有一些是他们亲自铸造的。他们在日本铸造佛像时，采取的是由唐朝创制的干漆夹纻工艺，鉴真的弟子曾用这种工艺为鉴真雕了一座塑像，被日本奉为国宝。

鉴真及其弟子东渡日本也带去了中国的书法和诗歌艺术。中国的书法和诗歌对日本文化影响深远。

不仅如此，鉴真还将医药学也传到了日本。当时，日本医生识别不出药物的真假，请鉴真辨别。鉴真虽然眼盲，但仍然能凭借嗅觉分辨出草药，因此日本人尊称他为医药鼻祖。

763年，鉴真于唐招提寺病故。鉴真赴日，不仅为日本带去了佛教经典，还传播了中国文化，不论在佛教、医药、还是艺术等方面，都对日本产生了重大影响。

◀（唐）彩绘胡俑头部

俑高十五厘米，出土于陕西乾县乾陵陪葬墓永泰公主墓。这尊胡人俑戴包袱式帽子，杏眼蹙眉，髭上翘，大髯子呈一绺一绺的圆涡状，颇有喜剧效果，或为中东的马夫或侍从形象。